獣医師が認めた「ペットの気持ち住宅」

早死にさせたくないからリフォームした

井上辰男 著

セルバ出版

はじめに

「ペットが元気に暮らせる家をつくりたい」
そう思ってから30年。ようやく本書を発刊することができました。
私は人生のほとんどを住宅事業に費やしてきました。沢山の家を建て、様々な家族のドラマを見てきましたが、あるときふと気づいたのです。住む人の健康に悪影響を与える住宅が、世の中に数多あることを。

家は買ったら終わりではありません。その後も長く住み続けるのです。快適性や利便性と同時に、健康にも優しい環境がなければなりません。しかし、条件をクリアせずに売り渡して、住人に健康被害を出す同業他社が多数あったのです。

幸いにも私の会社では1つひとつを丁寧に建てられましたが、それも当時から考えれば珍しいことです。一体なにを改善すれば、住環境の健康的向上を図れるか……。様々な専門家の方々と意見交換をしてアドバイスをいただき、私自身も創意工夫を続けました。アスベスト(石綿)被害や、シックハウス症候群の認知度も上がり、人間の健康に関してはほとんどの問題が解決しました。

仕事も軌道に乗りはじめ、私と妻は、新しい家族を迎えることになりました。猫のメインクーンと、ミニウサギです。メインクーンの大きな体も、ミニウサギのちょこまか動く手足も愛らしく、私たちは幸福な時を迎えたのです。

しかし、新しい疑問が浮かびました。

「人間にとって健康的な家は、ペットにとっても健康的な家だろうか？」

もともと、動物好きだった私たちは彼らを〝単なるペット〟という枠からはみ出して、家族という存在で見つめるようになりました。きっと、本書を読んでいる人たちも同じでしょう。彼らは、愛する家族の一員です。誠心誠意彼らの健康を考えなければいけないと思うようになりました。

「人間より短い寿命の彼らに快適に過ごしてほしい」「健康で長生きしてほしい」「最期のときまで元気に暮らしてほしい」「そのためにはどうしたらよいか？」毎日、それを追求するようになったのです。

食事についてはクオリティの高いプレミアムフードが開発され、一昔前と比べて質は向上しています。その子それぞれに合ったフードをチョイスすれば健康な暮らしは保証されるでしょう。衣服についても、毛の薄い子には衣服を着せることも推奨されており、人間の服より機能の高いウェットスーツも売られています。防寒、防水など各動物に適合した衣服を購入すれば健康被害はありません。しかし動物たちには「衣食住」のうちの「住」が欠落していたのです。

「動物たちにも健康な環境を提供する」

それが、私の使命になりました。

彼らにも、24時間・1年365日を過ごす住環境を整えなければいけないと強く感じたのです。

おこがましい言い方になりますが、私は建築のプロです。その技術をもって「人にもペット（家族）にも良い住宅をご提供しよう」と研究を重ね続けること10数年、やっと思い通りの住宅が提供できると確信を持てたので、本書を通じて伝えさせていただこうと思いました。

私の仕事では長年にわたって、無添加を使用する健康住宅をお客様に提供してきました。そのノウハウを活かし、家族（ペット）にもより良い環境をつくり出していきたいというのが私の思いです。愛することはできても、私たちとは話すことができない大切な家族（ペット）です。だからこそ、彼らが私たちと同じように長く、健康的に暮らせる住環境を提供していきたいと心から願っている次第です。

今回の「ペットの気持ち住宅」新築・リフォームをご提供するにあたり、獣医師をはじめ、多くのブリーダーの方々のアドバイスをいただいてまいりました。そこでペットが罹る病気や体への負担をなくすことを目的に徹底した調査・研究・実証を重ねてきました。従来の建築メーカーで施工される「見た目や機能だけを重視した住宅ではない、新たな住宅づくり」とは何か……と研鑽を重ねてまいりました。その開発された成果をぜひ、読者の皆さまにお伝えしたいと思います。

30年以上にわたるデータを元にして完成した「ペットの気持ち住宅」の本は、マイホームを購入される方にとって人生最大のプレゼントになるかもしれません。すでにマイホームをお持ちで家族（ペット）とでも長く一緒に暮らしたい方にも、リフォームの際に必ず参考になります。

家族同様に大切なペットたち。彼らにとって真の意味での「生きる幸せ」を考えてみえる方は多いことでしょう。本書が語る「人もペットも健康に暮らせる環境づくり」を通して、その実現をご一緒に叶えられれば、私にとってこれ以上の幸福はありません。

2019年3月

井上　辰男

獣医師が認めた「ペットの気持ち住宅」—早死にさせたくないからリフォームした　目次

第2章　あらゆる菌が家中から消える？

第3章　ペットの気持ちリフォームで我が家を改善

第4章　医者や消防士が「ペットの気持ち住宅」を選ぶ理由

第5章　大家さんへ！　満室のカギはペット専用マンション

第6章　家カビ・結露は2つの方法で根絶できる

第7章　人にもペットにも優しい住宅

おわりに

第1章　ペットと長く暮らしたければ家選びは妥協しない

1　ペットアトピーの原因は主に食物、ダニ、ほこり、カビ、花粉、動物の毛やフケ

ペットアレルギーとは

ペットアレルギーはご存知ですか？

たとえご存知でなくても無理もありません。昔はペットの大半は室内ではなく、屋外で生活する存在だったからです。しかし現代では、ペットも室内で共に暮らす生活様式に変化してきました。都会の猫たちは、「野外に出すこと」を動物病院からも堅く禁じられているほどです。交通量の多い都会では、猫が車で轢かれる事故があとを絶たないからです。

生活様式の変化に伴い、動物と長く同じ空間にいることも増えました。

その結果、屋外飼育では見られなかった健康被害も増えたのです。その1つが、このペットアレルギーです。

症状としては「咳」「くしゃみ」の他に、「鼻炎」「呼吸器異常」「皮膚炎」があります。これらのどんなに動物が好きでも、近寄るだけでクシャミや咳が止まらなくなってしまうのです。これは精神的な甘えや心の持ちようではなく、薬を飲むことでしか治らない「病気」です。

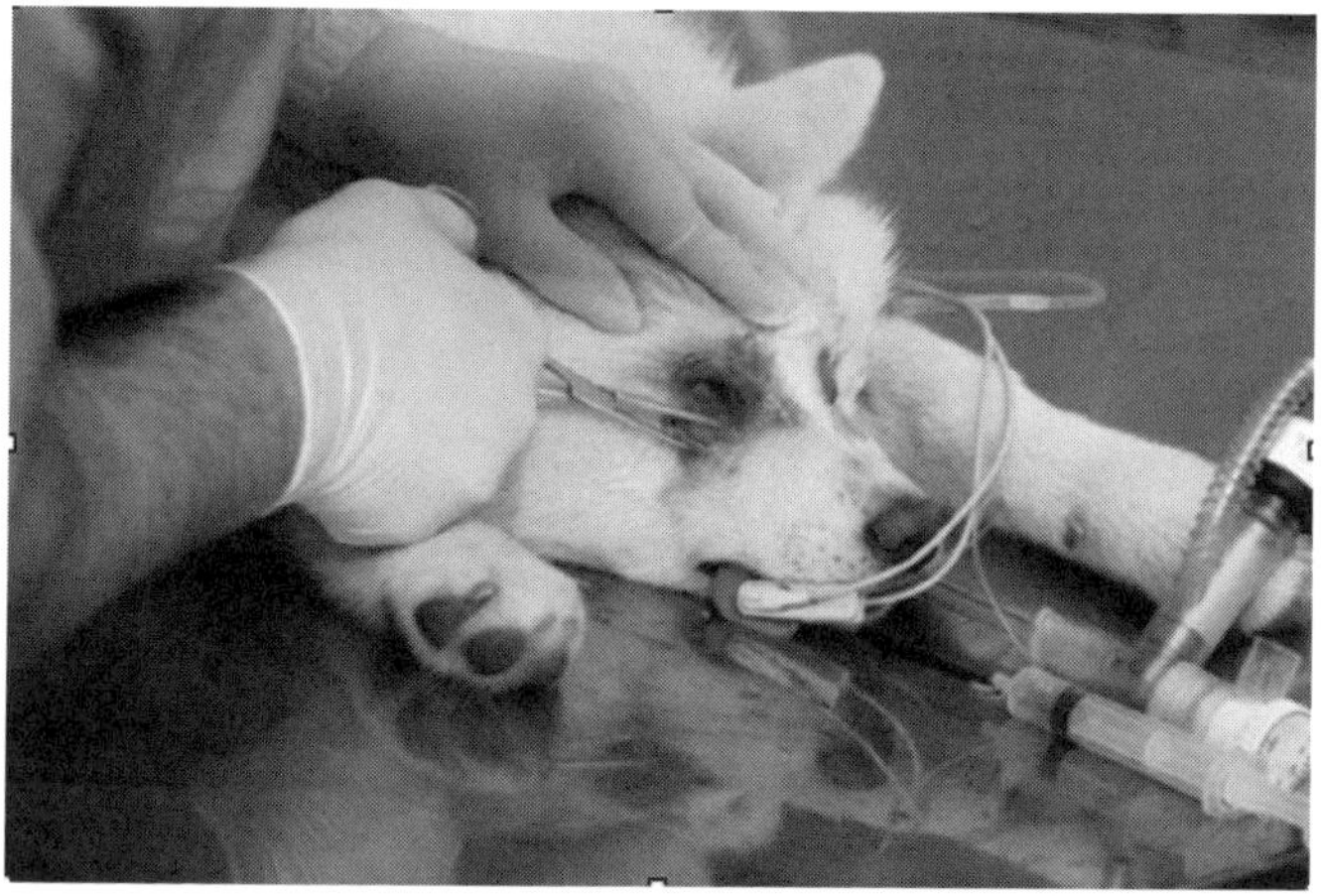

犬猫アレルギーにかかりやすい犬種

犬猫アレルギーにかかりやすい犬種もあるので、一部記載いたします。

・ミニチュアダックスフンド・ミニチュアシュナウザー
・スコティッシュテリア・ゴールデンレトリバー
・イングリッシュセター・アイリッシュセター
・シェーリハムテリア・ボストンテリア
・ケアーンテリア・ダルメシアン
・トイプードル・ブルドッグ・パグ・柴犬

つまり、大型犬や、毛の長い犬がペットアレルギーを発症しやすいということになります。

ペットアレルギーの原因

では、ペットアレルギーの原因は何かと言うと、ほこり（ハウスダスト）・花粉・ダニ・フケ・カビといわれています。人間も動物も「アレルギーコップ」というものを持っています。たとえば、スギ花粉を

100回浴びるだけならコップは一杯にならないけれど、スギ花粉を1000回浴びると「アレルギーコップ」が一杯になってアレルギーを発症します。そのため、アレルギー対策には、コップがいっぱいにならないようにマメに掃除をして防ぐことが重要なのです。

また、シャンプーや予防の薬等の対策商品が市場に数多く出てはいますが、ここにも1つの疑問が起こります。犬も猫も兎も、本来は野生の生命力と免疫力を持っています。

獣医師たちは、「基本的に自然のままで暮らすのが動物たちにとっては重要。シャンプーも、ペットによっては害になる可能性がある」といいます。

被毛の手入れもブラッシングをこまめに行い、蒸しタオルで拭く程度で良い状態に保てます。汚れた個所も自分で毛づくろいをして整えてくれるので、問題はありません。

私の周りにも多くのペット愛好家がいますが、その大半が私と同じように思っているようです。特別な皮膚疾患に罹っていない限り、ブラッシングと蒸しタオル拭きのみです。それでも毛艶は輝いており匂いもありません。

もちろん、何らかの原因で皮膚疾患になった場合は薬用シャンプーをはじめとする対処療法は必要になってきますが、「自然のまま」でもペットの健康が保てるのであれば、それが一番です。

しかし、ここで問題が残ります。

毛並みを整えるとはいえ、住まいは毎日掃除をしても取り切れないホコリやダニもあります。そもそも、毎日掃除ができないご家庭のほうが多いでしょう。そこも解決できるようにしたのが「ペットの気持ち住宅」ですが、それはまた後に触れることにします。

2 「ペットの気持ち住宅」はダニを始めとする害虫を寄せ付けない

ダニが原因

「ペットの気持ち住宅」は虫を寄せ付けないという特徴があります。

先程もご紹介したように、ホコリをはじめとする原因の中に「ダニが原因」とありました。実際に獣医師も「外に出すとダニを拾ってきて病気になるケースが多いので、できる限り外に出さないでください」と言います。

では、外に出さなければダニは発生しないかというと、そうではありません。ご存知のように、ダニはペットがいなくても家の中に生息しています。

ダニは人やペットを直接、刺すことはありませんが、その死骸や糞がアレルギー性疾患を生み、身体器官に炎症を起こす原因となります。イエダニという種類は鳥やネズミに寄生しているのですが、宿主が死んだ場合は人やペットに寄生し、刺すことがあります。

また、マダニは屋外に生息しますので、これをペットが拾ってきたりすると感染症を伴う病気になるリスクがあります。

一番、怖いのはバベシアという病気です。これに罹ると生死に関わる症状を引き起こします。このマダニは3〜4月頃から増加しはじめ、10〜11月頃が本格的な活動期となりますが、中には冬季に活動するしぶとい種類もあります。近年では、山・公園・河川敷・草地・庭など身近な場所でも発見されているので、ペットの外出には気をつけましょう。

これらのダニの特徴としては室温20度〜30度で湿度は60％〜80％の高温多湿を好むことです。餌は人のフケやアカ、食物等々、なんでも食べるため、完全に清掃・除去するのが難しいのです。こまめに掃除をしても減らしきれないダニ……。

ダニ減らしには漆喰

一体どうすればいいのか？

答えは「漆喰」にありました。

漆喰は湿気が多ければ吸い、少なければ吐くので室内の温度や湿度を適正に保ってくれるのです。ダニは高温多湿の環境を好むのですから、その正反対の環境を人間がつくればペットを守れるのです。また、適温少湿は人間にとっても快適な環境ですから、ペットも人間も双方が喜ぶ住環境がつくれます。

現代の日本建築の特徴である高気密な建物では湿気が内側に溜まってしまい、湿気が逃げる場所がないのですが、ここも「漆喰」なら問題になりません。

3　ホルムアルデヒドの原因となる接着剤を使用しないので、人もペットもアトピーにならない

シックハウス症候群

シックハウス症候群という言葉を皆さんは聞いたことがあるでしょうか？

「ペットの気持ち住宅」について語る上で欠かせない言葉なので、一度おさらいをしましょう。

①シックハウス症候群とは

住宅の高気密化などが進み、建材等から発生する化学物質などによる室内空気汚染が深刻化しました。眩暈、鼻炎、のどの乾燥、吐き気、頭痛、湿疹など症状は様々ですが、総合して「シックハウス症候群」と呼ばれます。

②シックハウス症候群の原因

住宅の高気密化・高断熱化などが進み、化学物質による空気汚染が起こりやすくなっているほか、湿度が高いと細菌、カビ、ダニが繁殖しやすくなります。一般的な石油ストーブやガスストーブからも一酸化炭素、二酸化炭素、窒素酸化物などの汚染物質が放出されます。たばこの煙にも有害な化学物質が含まれています。

シックハウス症候群は、それらが原因で起こる症状です。人に与える影響は個人差が大きく、同じ部屋にいるのに、まったく影響を受けない人もいれば、敏感に反応してしまう人もいます。

③主な防止対策

・カビ・ダニ対策

住宅環境、日常生活でカビ・ダニ発生の原因と思われる点を改善し、換気や掃除等により、効果的なカビ・ダニ対策を講じる必要があります。

・化学物質対策

材料選びが一番重要です。リフォームなどの前に、工務店や設計者と十分な話し合いを行い、自分の希望をしっかり伝えましょう。

右記は厚生労働省による「生活環境におけるシックハウス対策」の文章です。厚労省も「いかに現代建築に問題があるか」を認めているかと思うと、ペットの体を守れるのは私達飼い主だけなのだと思いを新たにします。

「ペットの気持ち住宅」では、シックハウス症候群になりえる化学物質や接着剤を一切、使用しません。

天然の海藻を接着剤の代わりに使用し、化学物質の元であるビニールクロスを使用しないので、人やペットに与える個人差に全く関係なく、シックハウス症候群の元そのものを断っているのでご安心いただけます。

さらに、もう1つの原因である湿気に関しても、天然漆喰の調湿効果が適度な湿度を保てるので、細菌・カビ・ダニを防げます。タバコの臭いやペット臭まで、すべて漆喰の高い消臭効果と分解力で嫌な匂いとも「永遠にさようなら」ができるのです。

4　病気の原因は環境が原因だった！　改善は食事以外は「住環境」で決まる

食事と住環境の管理がカギ

厚労省の記事にもあったように、シックハウス症候群は個人差があります。

それはペットも同じで、同じ環境にいても病気になる子とならない子がいます。体質ばかりこちらではどうしようもないですが、予防策はあります。

1つは「食事管理」。もう1つが「住環境管理」です。

防腐剤

ある都市伝説ではありますが、コンビニ弁当ばかり食べる人が日本人には多く、その方は亡くなっても腐らないと世界中で言われたとか言われないとか。もしかしたら、たまたま亡くなった方の腐敗が進まないので、コンビニ文化を揶揄したのかもしれません。

また、ある外国の方が「日本人は防腐剤まみれだから腐らない」と言ったことがネットを通じて拡散されたので、ある意味、事実化してしまったのかもしれませんね。

しかし、私個人としては腐敗のことは置いておいて、保存料と防腐剤が体に悪影響を及ぼしているのは間違いない事実だと感じています。

それと同じで、日本建築における接着剤や躯体に使用されている防腐剤も、コンビニ弁当のように体内に吸収しなければ何の問題もありませんが、揮発（蒸発）して、空気中に見えない形で知らず知らずのうちに吸収してしまうのが問題なのです。

揮発すると空気中に散布され、それをペットや人が吸うので様々な病気の温床となるのです。また、揮発することでその効力も同時に失いますので、再施工が必要となってきます。

躯体の防腐剤にやり直しは大型リフォームでない限り、再施工は難しいですがシロアリは床下なので、５年〜10年に一回の頻度で再施工をして、シロアリを防ぐと業者が売り込みし、そこから10年掛けて居住者は新しい殺虫剤を体内に取り込むのです。

5　静電気も起こらないから、テレビの裏も綺麗なまま清潔住宅

天然漆喰の特徴

前述してきたような人やペットの健康を阻害する物質・原因を徹底削除するために、「ペットの気持ち住宅」は壁に天然漆喰を使用しています。

天然漆喰の特徴として、「優れた調質効果」、「優れた消臭力」、「優れた殺菌力」、「耐火性能」、「安全性能」がありますが、もう1つの特徴として「防汚性能」があります。これは漆喰の主成分である炭化カルシウムが静電気を帯びにくい性質があるので、天井や壁にホコリを寄せ付けません。

ホコリが見当たらない

お客様のお宅にお邪魔いたしますと、ホコリが何処のお宅にも見当たらないのです。ホコリに対して、どれだけ効果があるのかわかりやすい場所としてはテレビの裏です。マメな方は隅々まで掃除されているかもしれませんが、半分くらいの方はテレビの裏を1か月に一度も掃除しないと思い

ます。

中には年末の大掃除までやらないなんていう方もお見えになるほど、後回しにしがちな場所なのですが、ここも天然の漆喰を塗っている「ペットの気持ち住宅」では、なんと、ほとんどホコリが見当たりません。

お年寄りの一人暮らしのお宅だけではなく、小さなお子さんがいらっしゃって、走り回ってホコリが立ちやすい環境のお宅でも同じ結果が見られます。さらに、壁にもホコリが付かないので、壁そのものが汚れることもなく、清潔に保てます。

簡単には掃除できない場所である天井にも汚れが付かないので、10年経過しても、綺麗なままの状態を維持できるのです。これは同じ時期に建築した一般的な壁紙を使用した住宅と比較した場合、その状態が顕著に違うことがわかります。

また、ホコリが付着しない、発生しないことにより、ホコリを餌とするチリダニも給餌することができないので病気の発症率も格段と減らすことができるのです。

6　血圧も低下し、健康に暮らせる住まい

ペットの気持ち住宅の発想元

「ペットの気持ち住宅」の発想の元は「健康に暮らす」ためにつくった「健康住宅」が始まりです。

「無添加宣言の家」として、いままで私は人体に無害な健康住宅をご提供してきました。その中でお客様からペットに関する悩みを多くいただいたので、健康問題も改善できる「ペットの気持ち住宅」を開発しようと感じましたた。

ただ、ペットは話すことができないので（できたら、どんなに嬉しいかと思いますが）、人を通じて検証し、ペットのために最善を検証・研究してきました。その過程において、人に良いものはペットにも良いという当然の結論にたどり着きました。

人に悪影響の出る素材・建材はペットにも論外ということが明確化されたことにより、プラス要素としてペットの体にも優しく、好環境を提供できる長寿な住宅を完成させることができたのです。

こうしたアプローチを継続していく中で、血圧が一般住宅に住む方に異常に高くなる傾向があることも判明しました。高血圧は人間にもペットにもよい結果は生みません。

ホルムアルデヒド

私はこれを解決する方法を探し始め、ホルムアルデヒドにたどり着きました。

ホルムアルデヒドは尿素樹脂の原料に使われる化学物質であり、安価で加工しやすいため合板などの木材接着剤に大量に使われます。発がん性が高い物質で、眼、鼻、のどなどを刺激し、アトピー性皮膚炎の原因物質の1つにもなります。

非常に危険な物質ということです。

新築の住宅建材や家具類の接着剤から発散するホルムアルデヒドにより、１９９０年代にはシックハウス症候群が多発しました。１９９７に厚生省（当時）、ホルムアルデヒドのＷＨＯ室内濃度指針値０・００８ｐｐｍを策定。２００２年には建築基準法を改正し、ホルムアルデヒド発散建材の使用を規制したほどです。

これらは畑明郎大阪市立大学大学院経営学科研究科教授による言説ですが、これほど危険な物質なのに規制をしても使い続ける住宅が後を絶ちません。

私が「ペットの気持ち住宅」の前身である「健康住宅」を建てていた頃にも、ホルムアルデヒドを使った住居が何千何万と建築されていました。

昔よりは規制がかかったとはいえ、人体には多大なる健康被害を出します。最悪ではなくなっただけで、悪いことには変わりはないのです。

ホルムアルデビトを使った住宅は現在も建築されており、かなりの患者数がいます。訴訟にはお金も時間もかかるため、誰も行動できませんが、健康被害は日に日に患者の心をむしばみます。

そのような健康被害をすべて排除するために、「ペットの気持ち住宅」では天然漆喰を使用します。既存接着剤を使用しないことで人にもペットにも健康に暮らせる環境が実現できるのです。

7　シロアリ駆除の殺虫剤がもたらす影響

殺虫剤の功罪

シロアリ駆除は殺虫剤を使います。

殺虫剤とは、読んで字のごとし、虫を殺す薬剤です。害虫に使用する殺虫剤を、自分の口に散布する方はいないと思いますが、シロアリに効く薬剤は人間にも効くのです。

ですから、その殺虫剤を家中の柱や基礎に散布してあることを今一度、そこに暮らす人やペットのために見直していただきたいのです。先に書きましたように、殺虫剤が揮発しなければ全く問題にはならないですが、殺虫剤は必ず揮発します。その際に目に見えない毒を居住するペットや人間が知らず知らずのうちに吸っているのです。

しかも、５年～10年に１回はシロアリ業者や建築会社に言われるがままに施工してしまいます。やっと揮発しきって安心できるレベルになった頃に再施工するので、産まれてから死ぬまで一生涯殺虫剤を吸い続けることになっているのが現実です。

悪徳業者に注意を

また、シロアリ業者には悪徳業者もいて、シロアリがいないにもかかわらず、自前のシロアリを床下に撒いて写真を撮り、嘘の報告をして契約を取るなどということもあります。他の家のシロアリの写真をあたかも今撮ってきたように見せて、お客様の不安を煽り、契約を取るという業者もいるので、どうかお気をつけください。

いずれにしても、お客様の不安を煽るような商法が暗躍しないことを切に願います。

ここで話はそれますが、ＣＭで放映される「壁に蚊が止まったらコロリと死ぬ」というようなキャッチフレーズ。効率の良い殺虫剤かなと錯覚を起こしがちですが、私から見たら「どんなに怖いものを壁に塗りつけているんだ……」と感じてしまいます。

目に見えない物は有害なものでも、気づかずに使ってしまうことが多々あります。だからこそ、私が読者の皆さんにお伝えしたいのは、ペットや小さなお子さんは言葉で上手く表現ができませんから。我々が正しい知識を持って、対応しなければならないということです。

8　殺虫剤とホウ酸の効力と継続率

シロアリの脅威から守るにはホウ酸が有効

では、我々は大事な自宅をシロアリの脅威からどうやって守るのか…？　その答えが「ホウ酸」です。ホウ酸は鉱石からつくられる白い物質となり、害虫に対して非常に強い効果を発揮します。殺虫剤はシロアリにも効果がなく、その他の害虫にも案外効果が薄いのが事実です。しかし、人やペットにも悪影響をもたらす厄介な薬です。

しかし、ホウ酸は安全です。腎臓機能を持つペットや人は仮に身体に入れたとしても分解して尿として外に出してしまいます。害虫は腎臓機能を持たないため毒素を分解できず、確実に虫にだけ効果を発揮するのです。シロアリのみならずゴキブリやクモ、ヒアリやその他の害虫にも効果を発揮するため、一石二鳥と言えるでしょう。

ホウ酸の特徴

また、殺虫剤と違って匂いもなく、土壌から抜けにくい性質があるので、人畜無害な殺虫剤として高い効果が長く継続されることも特徴です。

さらに、ホウ酸は防腐剤としても使用できます。

シロアリ対策の防腐剤としても、近年では日本で取り入れられるようになってました。

また、雨に流されない限りは半永久的に効果が継続するので、5年～10年ごとに対策を取る必要もありません。悪徳業者に騙されることもなくなるため、安心して使えます。

たった一度の施工で半永久的に効果を発揮しますので、コスト的にもお得です。

折角ですので、ホウ酸と殺虫剤の費用概算も出してみましょう。この費用概算を見るだけでも、どちらが優れているか一目瞭然です。

殺虫剤とホウ酸の費用概算

■一般的な殺虫剤
施工期間：5年～10年に一度
金額概算：30万円　5回（6年周期として）＝150万円
主な特徴：ペット・人に悪影響があり、効果はシロアリのみ

■ホウ酸　一生に一度
施工期間：一生に一度
金額概算：40万円　1回＝40万円
主な特徴：あらゆる害虫に効果的で、木材の防腐剤も兼ねる

■差額　110万円

9　ホウ酸はアメリカでは90％以上のシェア率

ホウ酸の優れた浸透性

効果的なホウ酸ですが、日本ではホウ酸団子ぐらいしか馴染みが薄いのが現状です。しかし、アメリカではシェア率が実に90％以上なのです。

何故、そんなに普及しているのかというと、ホウ酸塩の優れた浸透性にあります。殺虫剤が木材の表面に停滞するのに対し、ホウ酸塩は塗布するときに木材の中心部まで到達するので、深部まで侵入したシロアリも容易に退治できます。また、木材の防腐にも高い効果を発揮するので、ニュージーランドでは40年間での事故（木材の腐敗による）は一度もないということです。

ヨーロッパでも木材防腐剤として使用されています。イギリスでは1960年頃から住宅用として使用している実績があります。アメリカでは1990年に不注意で持ち込まれてしまった台湾シロアリが天敵のいないハワイで猛威を奮ったときから、各薬剤メーカーが鎬を削ってシェア争いをしました。しかしどの薬剤よりもホウ酸が90％以上のシェアを取っているのです。

既存のリフォームでも使用できる

また、防腐という観点から見るとホウ酸をチョーク状に固めたものを腐敗した箇所に埋め込んで、水分を流し込むと木材に上手く浸透して腐敗した箇所を上手く止めることができる。この方法は安全性が保証されているので、営業中のレストラン等の飲食店でも安心して工事をすることが可能です。

このように海外では普及率の高いホウ酸を新築に取り入れることでペットにも人にも全く悪影響がないシロアリを含む害虫駆除が可能となり、さらに高い防腐性で家の木材を守ることが可能です。

この手法は既存のリフォームでもシロアリ駆除だけでも使用できるので、ぜひお試しください。

10　大量生産の日本式が危険

腐るリスクが一番怖い

ここで、大量生産をしている日本式がなぜ危険かを説明いたします。

大量生産をするためには、そのためのあらゆる機材や薬品が必要になります。

食品であればセントラルキッチンで大量生産し、各店舗にトラックで運び、売れるまでの間、ずっと店頭で保管しなければいけません。したがって、腐るリスクが一番怖いのです。

プールにはいると、消毒液の匂いがすると思います。そのプールよりも濃い消毒液に野菜を漬け込んで防腐をふせぐのが最近のスーパーの主流です。レタスや薬物など、劣化しやすいものは特に強い薬品に漬けます。

強アルカリ性と保存料、次亜鉛酸ナトリウムのような「混ぜるな危険」といわれてしまうような薬品に漬け込まれた野菜を、皆さんは食べたいと思うでしょうか？

僕らはそれらの野菜を口にしているという非常に危険な状況なんです。

だからこそ、サンドイッチなどは製造工場の人はたとえ10円で売っていても買わないなどという事態になります。

お米も家で炊くときはお米と水だけですが、弁当工場は炊飯油を使用しています。炊飯油を使うと、ツヤが出て見た目がよくなります。しかし、ペーハー調整剤や保存料、シリコンが入っているため、体には害しかありません。コンビニのおにぎりとかお米を水につけると、油が浮いてくるほどです。

百害あって一利なし

さて、ここで建築に話を戻しましょう。

建設業界も、食品業界と同じように大量生産です。「早く建ててくれ！」という注文にこたえるために、発がん性を含む防腐剤が大量に使用されることもあります。

この防腐剤は、保管されている場所にいくと眩暈がして、その場に5分といられないほどの代物です。

殺虫剤のほかにも防腐剤、躯体の防腐剤・キッチンを含むドアの身体に毒な接着剤など、大量生産の家には大量の薬剤が投入されます。
引越し後に購入する大量生産の合板の家具等も「百害あって一利なし」です。
安いからといって大量生産の家を買わずに、少し高くても健康的な家を買うこと。それが家族の健康を守るうえでは不可欠なのです。

※建築基準法に基づくシックハウス対策に係る規制は、平成15年7月1日以降に着工された建築物（同年6月以前に確認済証の交付を受けたものを含みます）に適用され、同年6月以前に着工されたものには適用されていません。

「本規制の対象となる建築材料は、平成14年国土交通省告示第1113号、第1114号及び第1115号で限定列挙した建築材料（以下「告示対象建築材料」といいます）のみです。

これらを内装の仕上げ等に用いる場合は、日本工業規格（以下「JIS」といいます）の認証、日本農林規格（以下「JAS」といいます）の認定又は建築基準法第68条の26の規定に基づく構造方法等の認定（以下「国土交通大臣の認定」といいます）を受けることにより、その種別（等級）を明らかにする必要があります。（これらの詳細については、「ホルムアルデヒド発散建築材料の審査方法」をご覧ください）。

告示対象建築材料を使用した造り付けの家具、キッチン・キャビネット等の製品も本規制の対象です」

（国交省引用）

第2章　あらゆる菌が家中から消える？

1　インフルエンザは、1人が感染すると家族中に蔓延するのがパターン

鳥インフルエンザ

冬になると爆破的に増えるインフルエンザ。1人が罹かって家に持ち込むと、家族がいた場合感染が広がっていくケースが多いです。ある程度予防はできますが、それでも移されてしまう可能性が高い、それだけ驚異的なウイルスといえます。

人間が罹かったヒトインフルエンザは、ペットには感染しません。馬インフルエンザが流行したときに犬に感染した例はあるそうですが、国内に馬インフルエンザが持ち込まれることはあまりないので、ひとまずは安心できると言えるでしょう。

しかし、ここに脅威的な疾患があります。それが皆さんもご存じの鳥インフルエンザ。

鳥に媒介されるインフルエンザウイルスですが、これは犬や猫にかかる危険性があります。

鳥インフルエンザに感染した鳥は国内に生息しているため、十分に気をつけて、触れないようにしなければいけません。

インフルエンザは漆喰で死滅する

ここにも1つの朗報があります。なんと、鳥インフルエンザを含むインフルエンザが漆喰で死滅

するのが証明されているのです。しかも、その割合は99・９％という高い確率。テレビのニュースを思い出してください。鳥インフルエンザを殺処分するときに防護服を着た作業員が穴を掘って、埋めている光景をご覧になった方もいらっしゃるでしょう。殺処分する際に白い粉をかけていますが、あれが漆喰と同じ成分なのです。あの白い粉は「消石灰」といい、強アルカリ性によってインフルエンザ菌を死滅させるのです。

「ペットの気持ち住宅」には漆喰を使っていますから、インフルエンザ菌も殺してくれます。わずか10分足らずで菌がなくなるとしたら、健康に過ごせること間違いなしです。

ペットがインフルエンザに罹ることはありませんが、お世話をする人間の健康も大事です。家族の多い家や、お子さんがいる家庭では、１人がインフルエンザを持ち込むと、全員が罹患する可能性もあります。ですが、漆喰壁を塗っていれば高い確率で発症と伝染を防ぐことができるのです。

この事実にも漆喰の素晴らしさをご理解いただけると思います。

2　ヨーロッパの中世期に「ペスト・コレラ」が流行ったが、教会に逃げ込んだ人は救われた

ペストの流行

１３４７年の中世ヨーロッパで黒死病、いわゆるペストが大流行しました。

ペストはヨーロッパ全土をあっという間に病気は広まり、北アフリカ、イタリア、スペイン、イングランド、フランス、オーストリア、ハンガリー、スイス、ドイツ、北欧諸国、そしてバルト海沿に伝播したと言われます。その間、2年余りの間に当時のヨーロッパの人口の4分の1の約2500万人が、「人類史における最も残忍な、人口統計学上の大惨事」と言われるもの、つまり黒死病の犠牲となったのです。

それを解決したのがアレクサンドル・イェルサンという細菌学者です。彼がペストを引き起こすバクテリアを特定し、その後、ワクチンも開発されて被害は収束に向かいます。

漆喰がぬってあった教会では感染しなかった

一方で、ペストから逃れるために教会に逃げ込んだ市民もいました。キリスト教徒は神に祈り、捧げものをし、恐怖をやわらげようとしました。

信心深いキリスト教徒はペストに罹からないと当時は思われていましたが、実は教会に漆喰がぬってあったため菌に感染しなかったというほうが正しいのです。

漆喰の主原料である石灰は、pH12・5という強アルカリ性なので、カビやウイルスなどが生息できません。石灰は、前述したとおりインフルエンザウイルスなどの消毒にも使用されているので、教会に逃げ込んだ市民はキリスト教を信じて漆喰に救われたと言えるかもしれませんね。

3　特殊な漆喰がペストを全滅させてヨーロッパが救われた

大流行した病

イタリアのフィレンツェでは、かつて大流行した病がありました。皆さんもご存じの、ペスト（黒死病）です。命にかかわるおそろしい病気で物語や絵画にて語り継がれているほどです。ペスト菌は西アジアからもたらされたといいます。

東西の交流がさかんになってきた中世、クマネズミに寄生したノミや、輸入品の毛皮についていたノミから媒介され、瞬く間に広がり、人民の命を奪っていきました。

人は未知の、あらがえない壁が目の前に立ち塞がると、誰かにその責任を押しつけたり、原因をつくりだしたのだと責め立てたりします。ペストが流行し町や村の中に不安からくる怒りが広がると、その矛先は犬や猫、ひいては人間にまで向けられることとなったのです。後に事態は収束しましたが、殺された命は戻ってきません。

一説によれば、ペスト発生は魔女狩りから派生した猫狩りに原因があるのではないかともいわれています。猫が少なくなると、ネズミが増えます。結果、菌を運んでくるノミがはびこるという、それらしい理由があります。しかも、人々が猫を飼い始めるようになってから次第に病気の拡大が止まりペストが収束した事実を見ると、一理あります。また、病気を媒介するようになったから犬猫を殺すようになったという説もあります。

原因不明の黒死病で住民がパニックに陥ったとはいえ、このような過去の事例を見ても人間は本当に残酷です。病を運ぶという確証もないまま動物を無差別に殺してしまうなんて、心が痛みます。

現代でも、昔と違う形で人はペットたちに辛い思いをさせています。人間の勝手な事情で飼育放棄され殺処分されているペットがあとをたたないのです。昔から何を学んでいるのでしょうか。我々はもっと命に責任を持たなくてはなりません。

イタリアやギリシャの古い町村には漆喰で塗り固めた石積みの家が連なっている

さて、皆さんは、イタリアやギリシャの古い町村に漆喰で塗り固めた石積みの家が連なっているのをご存じでしょうか。昔、ペストが大流行する中、山の岩を焼いて水に溶かしたものを塗ったところ、病気がおさまったことから、このような集落ができたのです。趣深く感じるヨーロッパ建築はこのような背景から始まったのですね。

ヨーロッパでは今もなお、漆喰を使用した建物が建て続けられています。漆喰の主原料である石灰石の粉は、焼いて水につけるとｐｈ（ペーハー）13という強いアルカリ性になります。菌を死滅させることができるため、カビや菌は生息することができません。

漆喰の効果は室内においても発揮されます。神奈川県のある私立小学校が教室に漆喰を塗ってみたところ、教室内でのインフルエンザの感染率が極めて低くなり、学級閉鎖がなくなったという話もあります。

4　ピラミッド、ギリシャの建造物、万里の長城からお城まで漆喰が使用されている

世界中で古くから使用されている漆喰

漆喰は世界中で古くから使用されています。「エジプトのピラミッド」、「古代ギリシャの建造物」、

「万里の長城」、「日本のお城」、「蔵」等、歴史に名だたる建造物です。

遙か昔のことなので真相はわからないと前置きをいたしますが、ミイラの状態を保ったのは漆喰の影響が少なからずあるという話を聞きました。僕は妙に納得してしまいました。天然漆喰がもたらす優れた調湿効果で腐敗を防ぎ、漆喰の強アルカリ性によりあらゆる菌が死滅し害虫からも保護されたのではないかと推測したのです。

国宝姫路城の塗り替え

最近では、国宝姫路城が塗り替えられました。こちらは白漆喰が天守閣から屋根まで使用されていて、改修期間は5年で費用は24億円といわれています。細部にわたる綿密な作業を要し、美しい面をつくるため繰り返し上塗りをして曲のないように仕上げなくてはなりません。それだけの手間と費用がかかるのが本来の漆喰なのです。宝物庫としての役割を果たす旧家の蔵にも使用され、美しい状態を保っているのです。

素晴らしい効果をもたらす漆喰ですが、面のことを考えますと手間も費用もかかるため、なかなか使用できません。しかし現代の一般住宅で機能を重視させるのであれば面は必要ありません。したがって、安く抑えながら安全安心な漆喰を塗ることが可能になるのです。

5　ワインセラーの内壁も漆喰で保たれている

ワイン熟成所も漆喰を使う

日本でもワインの愛好家がずいぶん増えてきました。ワインを置かない飲食店はもはや少なく、グラスでも気軽に飲めるようになりました。あまりお酒を呑まない私ですが、環境に関しては興味があります。

熟成させる段階のワインを保管する場所として、温度と湿度が一定に保たれた、薄暗い場所が最も適しているそうです。ワインの本場・ヨーロッパでは、それらの条件を満たしている地下カーブやセラーを伝統的に備えてきたのです。

フランスでは一般家庭で、地下カーブを有する家庭も多く、パリのアパルトマンでは、共有のカーブを備えたところもあるそうです。

実はフランスやイタリアなどのワインセラー（貯蔵所）に

は漆喰を塗っているところが多いとのこと。優れた調湿効果と適温管理ができ、余計な匂いをつけることがないからだそうです。漆喰の内部はアルカリ性を保ち、カビの発生を強力に抑えることができるのです。

日本でも酒、ワイン、味噌、醤油などの醸造所や蔵では、不要な菌類が繁殖しないように壁を漆喰にしているところが数多くあるのです。

6　花粉や鼻炎も漆喰で解決

20年以上の花粉症歴

3月頃になると花粉に悩まされますね。私は20年以上の花粉症のベテランなのですが、これが慣れるかと言われても一向に慣れなくて、毎年つらい思いをしています。目は痒い、鼻は水鼻の上刺激しすぎて真っ赤になるほどです。それだけひどい症状にもかかわらず、薬は全く飲まないのでただひたすら耐えるのみでした（目薬だけはしていますが……）。

長年の花粉症が消えた

ところが、自宅の壁を漆喰に施してからは何と、長年の花粉症の症状が消えたのです。これはどういうことか。

花粉を漆喰が消せるわけではありません。外から入りこんだ、ないしは衣服に付いた花粉を住居内に再飛散させない。これこそが理由です。先に漆喰は静電気を起こさないというお話をいたしましたが、室内に持ち込んでしまった花粉が部屋の中で再飛散せず床に落ちたままになるので、人体に触れることがありません。こうして花粉症を防げるのですね。

後は素早くコロコロや掃除機で床に落ちた花粉を除去してしまえば、床に寝転がっても花粉の恐怖から逃れることができます。こうして私は花粉とさよならをしました。

外にいるときはどうか、と心配していたのですが、アレルギーコップの法則で水かさが減ったのか、外出時でも以前より軽減されたと感じます。

ホコリが原因で発症するハウスダストにしても同様のことがいえます。静電気が起きないのでホコリが舞うことがなく、悩ましい鼻炎とは無縁になるのです。さらにダニやカビも舞いませんのでペットダニも安心。そもそも漆喰の中ではダニも生息できないので、心配の必要はありませんが、このことについては後ほど。

7　偽物漆喰に気をつけろ！

世の中の90％以上の漆喰はニセモノ

漆喰の有効性をたくさんお話してきましたが、実は世の中の90％以上の漆喰は本物とはいえないのです。言い方を変えれば、効果がない漆喰なのです。偽物と言ってしまってもよいでしょう。インフルエンザ対策・カビの除去・調湿効果・花粉・鼻炎・健康といった素晴らしい漆喰の効果は、100％天然の漆喰だからこそ。

では、偽物と私が呼ぶ商品はどういう物かというと、ホームセンターやネットで売っている商品のほとんどです。本物の定義は「漆喰に混ぜ物がしてないこと」なんです。

混ぜ物をしていない漆喰を使う

漆喰という建材は扱いにくいものですから、素人では施工ができません。

ホームセンターでは漆喰に接着剤を混ぜていたり、粉を混ぜたりしています。するとたちまち素人の方でも扱いやすい建材に変わるので、容易に塗れるというわけです。

しかし、ここまで読んでいただければおわかりかと思いますが、混ぜ物をするこの行為は、NGなのです。ホルムアルデヒドの原因である接着剤を抑制するために漆喰を塗るというのに、接着剤そのものが混ぜてあったら、本末転倒です。確かに見た目はよくなり、それで満足される方はよいのかもしれませんが、せっかく漆喰を塗るのですから、あの絶大な効果を発揮させせないのは勿体ありません。

ですから、なんとしても、混ぜ物をしていない漆喰をご使用いただきたいのです。

希釈しているものもNG

また、藁や希釈してあるのもＮＧです。これらも効果がないので使用しないでください。漆喰を全面に押し出して無添加を売りにしている業者もあるようですが、実際のところはかなり希釈してあるようなので、カビが生えたり菌が増殖したりで、「言っていることが違う」と訴訟問題をたくさん抱えているという噂も聞きました。

そんな業者の後処理と改善をお客様からお願いしていただいてお話を伺うのですが、受けた対応の酷さに驚かされます。業者選びは本当に大事です。

8　ペットの大敵のダニも漆喰の中では生きられない

マダニ

ペットにとって、生活環境にダニが棲息しているのは大問題です。宅内の環境が悪くなると発生し、様々な病気の原因になります。ダニの種類は多く、その数は実に2万種ほどいるといわれています。

犬で注意が必要な種類は、「マダニ」「ニキビダニ」「ヒゼンダニ」です。中でも「マダニ」は体が大きく、命にかかわるたいへん危険なダニとして知られています。

マダニが犬につくと、まずかゆみが引き起こされます。発見し取り除こうとしても容易にはできません。自分の体重を200倍にしてしまうほど血を吸い、犬に貧血を起こさせることもあります。吸血の際に吐き出す唾液が原因で「アレルギー性皮膚炎」になってしまうことも。マダニによって媒介されるバベシアという寄生虫により、死の危険すらあるのです。

ヒゼンダニという寄生虫

猫の場合は猫ヒゼンダニという寄生虫がいます。肉眼ではとらえられないほど小さいので見つけにくいのが厄介です。寄生した際に皮膚内部にトンネルを形成するのですが、このときペットは激しい痒みを感じます。症状としては痒みのほか、皮膚の肥厚、脱毛等に苦しみます。予防方法をネットで調べると「ダニ駆除薬」「シャンプー」「ブラッシング」とでてきます。

薬嫌いの私は、駆除のために散布するなどできません。シャンプーも獣医師のお話を伺って以来、する気が起きません。ブラッシングは暇があればしているので問題なし。つまり、どれも根本的解決として納得するだけの情報ではないと言えます。

以上を踏まえたうえでの結論です。

生息できない環境をつくる

「漆喰の中ではダニ・ノミは生息できません」

漆喰の主原料である石灰石の粉は焼いて水につけるとph（ペーハー）13という強いアルカリ性

になります。カビやダニが生息できるペーハー値は1から11までなので生息できない環境ができあがり、菌を死滅させることができます。外から入ってくるダニ・ノミは避けられませんが、生息できない環境を漆喰でつくってしまえば安心ですね。

9　漆喰はコストが非常に高い⁉

近年使用されなくなっている

これほど、人にとってもペットにとっても素晴らしい効果を発揮する漆喰なのに近年使用されなくなっているのです。なぜなのか。

1つには高度経済成長で、どの企業も機能性を重視したものばかりを開発したことです。建築業界も機能性のみを重視し、安くて早く提供できる商品開発をしてきました。行き着いたのが「化学繊維を多く含む建材」。大量生産、大量供給で新商品を次々と産み出し、古い商品はドンドン廃盤にしました。とはいえ古い、良くない部分だけは残さざるを得ません。中身はそのままに、柄やスタイルを変えて新しさを演出しているのです。内装のクロス1つとってみても、「こんなに変えなくてもよいのに……」と思ってしまいます。

外壁のトタンも同じで、昔から使用されているトタンが最新ではガルバニウムという素材に変更されて、オシャレになっています。こうして新製品と銘打ったものを売るというスタンスを企業全体が取るために、一部企業の内需だけが拡大していったのです。

漆喰はクロスが1㎡1000円（地域差はあります）で貼れるのに対して、大手の漆喰は1万円以上になります。その差は10倍以上と高くなります。手間と材料が高いので、どうしてもその金額になってしまうのでしょう。


弊社では、独自の施工で他社の半額に抑えることに成功！


そんな中、弊社ではその半額の1㎡5000円に抑えることに成功しました。

徹底的なコスト削減と施工方法の改善によるものです。漆喰の本来の効果は損なわずに商品開発を重ねました。施工方法は面を付けると余計な作業が多くなるので、刷毛引き・扇形・コテパテ・スポンジ・ローラーのような模様を付けて作業することで作業時間を抑え、コストを削減。

それでも、クロスよりは5倍もしますが、害のある安物と較べてどちらが良いか、ここまで読んでいただいたあなたならわかるはずです。

また、クロスは劣化するのに対し、漆喰は一度塗ればその質を保ちます。クロスがひび割れたら貼り直しですが、漆喰ならひび割れてもそこだけをご自分で簡単に、そしてきれいに補修することが可能なのです。

10　24時間換気は役に立たない

24時間換気を義務づけたわけ

誤解している人が多いのですが、実は24時間換気は役に立ちません。いや、存在意義はあります。24時間換気を義務づけたのは、気密性は全く無関係でシックハウス症候群が問題視され、設置が義務づけられたのが真相なのです。

合板、複合フローリング、ビニールクロス、木工用接着剤、建設塗料等、ＶＯＣと呼ばれる揮発性有機化合物が、アトピーや喘息、倦怠感に慢性頭痛等を引き起こすので換気が義務づけられたわけですが、そもそも揮発性の建材を解決や規制をかけるべきではないでしょうか。24時間換気という小手先のもので対処しきれるはずがありません。

なぜ24時間換気をつけるのか

よく目にするような小さな換気口に、揮発性の毒物を吐き出す力がいったいどれだけあるというのでしょう。全く容量が足りません。そもそも壁に使われているものの危険性をアナウンスしていないので、24時間換気の稼働率は30％程度だと聞いています。これではまったく意味がないと言っても過言ではないです。

にもかかわらず、気密性がどうなどとごまかしつつ、なぜ、24時間換気を付けるのか。

正直に言えば、なくしてしまえば多くの企業が売上ダウンし、株価低下で日本株式市場混乱となるわけでして、その結果建築業界は冬の時代に突入し、与党は国会で野党の餌食になるという構図が見えるようです。一度は食品も含めてすべての毒を出すのが健全だとは思いますが、それは現実的な話ではないので、現状を解決できる方法として漆喰をオススメします。

「法律の施行日・・・平成15年7月1日 平成15年7月1日以降に着工する物件は、今回の改正による内容に対応する必要があります。なお7月1日より前に建築確認を受けているものに関しては、計画変更が原則となりますので、各行政機関に確認の上対応してください。

国土交通省より出されているシックハウスマニュアルでは、第1種換気の場合、給気側あるいは排気側のどちらかで必要換気量を満たし、給気と排気の総風量のバランスを取るとの記述があります。この場合に、排気側で0・5回／hの排気量を満足する機械換気を設定すれば、給気側では0・4回／h程度の給気量を満足する機械換気でも問題ないと考えられます。その理由は、完全な高気密住宅（隙間相当面積1c㎡／㎡レベルの建物）以外の建物であれば、排気側の換気によって建物内部が負圧になることにより、建物に存在する隙間からの自然給気が期待できるからです」

（国交省より引用）

第3章　ペットの気持ちリフォームで我が家を改善

1　既存住宅の問題点を見直そう！
住んでいるだけでこれだけのリスクが…

現在の住環境に満足しているか

マイホームを持とうとするほとんどの方は初めての家造りなのでハウジングセンターへ出かけて、「あの家いいな～」、「こんな感じもよいよね」、「あの営業は感じがよかった」等と、新居への想いを膨らませます。その中で住む家のどこを基準にされるかは人それぞれかと思いますが、ほとんどの方にとって一生に一度の高額な買い物を時間をかけて決めていくわけです。

ところが、実際に住んでみると思っていたより、住み心地が悪かったり、「こうすればよかった」と後悔する方も多いのです。もちろん、満足されている方もいらっしゃるので批判ばかりは言えませんが、少なくとも本書をお読みの方は現在の住環境に何らかの改善を望まれている方だと思います。

機能性ばかりが重視されていないか

先の章で何度も触れているように既存住宅は機能性ばかりが重視され、健康に全く配慮されていない住宅がほとんどです。合板、複合フローリング、ビニールクロス、木工用接着剤、建設塗料等、V

ＯＣと呼ばれる揮発性有機化合物が、アトピーや喘息、倦怠感に慢性頭痛等を引き起こす建材をふんだんに使用されています。そして、そこには見える部分で建物躯体である柱も防腐剤まみれでシロアリ殺虫剤……あたかも、コンビニ弁当のレタスのように薬漬けのような環境の中で毎日を過ごしているのです。

食べ物も、口にしたからと言って、すぐに症状は出ませんよね。自覚がないからそんな意識もなく食べてしまう。同じように、家に住んでいてもすぐにアトピーやアレルギーに反応するわけではないので、毒素を取り入れつつも何気なく毎日を過ごしてしまうのです。

そこにつけ込む企業が一番悪いのは当然ですが、家選びをされる方にも重く受け止めていただきたいと思うのです。

考えてもみてください。子供を育てるときに親御さんは、「炭酸のジュースばかり飲んでいてはいけません」、「寝る前に歯を磨かなければいけません」「知らない人に付いていってはいけません」「いじめをしてはいけません」と常識を大人が教えてあげてはじめて、子どもたちは正しい道を歩めるのです。

ただ、建築に関しては隠蔽体質が蔓延しているので、そうとは知らずに購入されてしまう方は多いでしょうし、仕方がないことだとも思います。だからこそ異変に気づいたのであれば、何らかの対策を講じなければ自身や家族やペットの健康に関わってきてしまいます。商品を受け取る側の意識も、たいへん重要なことなのです。

2　既存住宅でも「ペットの気持ちリフォーム」をすることで、長寿住宅が実現！

既存住宅での改善方法

「既に購入した、あるいは新築した家の場合はどうなるの？」

そんなふうに思われる方も多いと思います。

ご安心ください。既存住宅での改善方法はいくつかあるのです。

まずは改善の困難な箇所について。柱の防腐剤に関しては残念ながら対策を講じることができません。もちろん、解体して建て替えするとか、内壁を剥がしてまでと大掛かりな工事なら可能ですが、そこまでしなくても環境をよくする方法はあります。

今回は「最低限で健康住宅にできる方法」をお伝えしていきます。

まずは壁と天井。現状の住宅では壁や天井はビニールクロスが貼ってあると思います。ビニールクロスは熱分解すると、塩酸やダイオキシンのような有害な有機塩素化合物のガスを大量に生成するため、火災時には非常に危険です。また、製造工程では発ガン性があるともいわれる塩素ガスが大量に使用されています。

ビニール製品には生殖毒性や発ガン物質を持つ成形加工性を改良し、柔軟性をもたせる可逆性が実に20～50％もあるのです。

そこで、ビニールクロスの上から養生をして、つなぎ目の部分であるジョイント部分をジョイントテープを施し、天然漆喰を塗っていきます。さらにビニールクロスの下の接着材も抑制し、ペットや人体に影響のあるホルムアルデヒドを室内に出ないようにしていきます。すると漆喰の調湿効果で湿度調整をしてくれるので結露がなくなり、カビも生えなくなります。

次に床材も合板で貼ってあることが多いので、床材も無垢材とかパイン材を使用することでペットにも人にも１００％まではいかないにしろ、生活していて人体に害のない住宅にはなるでしょう。

最後にシロアリ駆除剤が床下にまかれていると思いますが、そちらも殺虫剤からホウ酸に変えていくと揮発をせず、害を取り除けます。このように、こだわればきりがないですが、漆喰・ホウ酸と施工し、予算がある方は床材まで取り組まれるとよいと思います。

3　ペットの気持ちリフォームはペット目線

ペットの健康にフォーカス

ペットの気持ちリフォームは常に、ペットの目線で考えています。ペットに関する住宅やリフォームは他社でも数多く施工されています。私自身も楽しく勉強させていただいているのですが、多くのメーカーはドアにペット用のくぐりドアを付けたり、洗い場を付けたり、猫なら猫ウォークを工夫して付けていること等が見受けられます。

それらはデザインが違うだけでそんなに変わりがありません。私たちが考えるペット住宅はその名の通り「ペットの気持ち住宅」なのです。

話せないペットたちに寄り添い、アイデアを出し続けています。「健康で長生きしたい」という気持ち。多くの人間が望むことと同じです。

それをかなえてあげられるのが、日本で唯一、ペットの健康にフォーカスした「ペットの気持ち住宅」なのです。

長生きできる快適さを目指す

漆喰でダニ・ノミを排除し、ホルムアルデヒドを抑制する。さらに殺虫剤や揮発性の有害物質を抑制し、害虫の餌となるホコリやフケを舞わないようにして清潔を保つ。きれい好きなペットたちがまるで森林浴をしているかのような環境に身を置き、長生きできる。そんな快適さを目指しています。飼い主である皆様も漆喰による恩恵が得られるのは、言うまでもありません。

人もペットも医療が進歩した現在、長寿はあたりまえになっています。しかし、病を抱えながらの長寿が果たして幸せと言えるでしょうか。家に住むご家族の方も愛すべきペットたちも全員が健康で長生きできることを願ってやみません。

4　運動不足を解決する！　犬のための専用のルームランナーを開発中！

猫は縦の運動をする動物なので、キャットタワーやあえて高い場所を設けてあげれば運動的には十分です。猫をご自宅で飼っておられる方はご存じのように、1日の大半は気持ち良さそうに眠っていますよね。猫科の動物はライオンを除き、単独で行動します。獲物を狩るときには瞬発力で疾走して仕留めます。

それに対して、犬はもともと集団で生活し、1日中、移動しながら場所を変え、獲物を狩る動物です。猫が瞬発型なのに対して、犬は持久型。したがって、ペットとして生活するにあたって、どうしても走るという運動が不足しがちです。街中で最近、よく見る光景で抱っこしながらの散歩をしている方が見えますが、あれでは犬にとって運動にはなりません。

運動を好む犬たち

外の風景も見せてあげたい親心なのでしょうが、運動を好む犬たちを抱っこしていては運動不足で筋力も活力も低下し、ひいては免疫力の低下から病気にもなりかねません。舗装された道路だけを歩かせるような散歩はノミや他の動物との接触リスクを避けるためという観点からみると理解できますが。

また、夏の暑い日に歩かせると肉球が焼けてしまうなどのリスクがあるのも事実です。私は元々、小さい頃から犬とともに過ごしてきました。今でも実家に帰ると散歩が楽しみなくらいの犬好きです。十分な運動をしている犬たちは引き締まった体をしていますし、目もイキイキとしています。かたや、運動不足で肥満になっている犬も多々見受けられます。そこで、犬が満足できる運動をさせることはできないものかと考えた結果、犬専用のルームランナーを開発することにしました。

犬用のルームランナー

犬用のルームランナーがあるじゃないかと思われた方もいるでしょう。よくあるルームランナーは人間のものを犬用に小さくしただけなのです。運動させないよりははるかによいのですが、もっと犬たちがダイナミックに走ることができ、なおかつ室内においても場所をとらない犬専用のルームランナーがあればと思い、現在開発中です。

5　室内に漆喰を施すだけでかなりの病気は抑制できる

病気の原因となる環境を改善する

誰もが病気にはなりたくないと思っているはずです。ワクチンは、すでにその病気にかかっている人のためではなく、これから罹かるリスクを回避するために打ちますね。

同じような考え方で、漆喰を塗ると病気が治る（治るものもあります）ということよりも、病気の原因となる環境が現代建築にはあるので、悪い部分を改めることで抑制できるという意味です。

ここでシックハウス症候群が原因で特定された人間の症状を記載します。もし、皆さんが当てはまるのであれば、もしかしたらシックハウスが原因かもしれません。

「たちくらみ・めまい・冷え性・のぼせ・鼻炎・鼻風邪・肌荒れ・生理痛・生理不順・不妊症・頻尿・残尿感・腹痛・下痢・浮種・整脈癌・不眠・イライラ・肩こり・頭痛・背部癌・湿疹・風邪をひきやすい・食欲不振・吐き気・足腰の痛み・ぢ・こむらがえり・しもやけ・レイノー病」等が報告されているようです。

原因は建物だけではない場合もありますので、すべてが建物の原因ではありません。

建物の現状を見直しすることで改善する

何度も申し上げてきたように、建物の現状を見直しすることで「アトピーが改善する」「アレルギーが改善される」「血圧が下がる」という、好結果が立証されています。ペットも人も居住する間に影響を受けるので、住環境そのものを改善したほうが望ましいのです。

特にペットは飼い主がお出かけのときも365日ほとんど家にいるため、飼い主が責任を持って「改善しなければならない」というのが私の考えです。

漆喰の効果をまとめますと、室内に施せばペットの病気の原因となる「ダニ・ノミ」を撃滅。シックハウス症候群が改善され、アトピーを予防。現状でアトピーに罹かっている家族も改善。高血圧をも抑制するので動脈硬化をはじめ、脳卒中や心疾患、あるいは慢性腎臓病などの重大な病気を改善する効果が天然漆喰にはあるのです。

6　放射能数値も激減するリフォーム

3・11東日本大震災

3・11に不幸にも東日本大震災が起こりました。地震は広範囲に渡って揺れ、私が住む愛知県でも震度3～4を記録したのです。メディアでも数多く放映されたように、その被害たるや甚大で未だに完全復旧までに至っていません。その状況を目の当たりにし、知り合いも宮城県にいたこともありまして震災から約1か月後の4月10日に仲間10人と微力ながらボランティアに参加させていただきました。

当時の状況はテレビ等でご覧になられたかと思いますが、見るのと行くのとでは大きな違いがあり、その現場の状況は言い尽くせないほど痛ましい有様でした。私たちがお伺いしたのは石巻市でしたが、車は家に縦になって寄りかかり、家の残骸や荷物が散乱していたので、それらを片づけるのを自前のダンプとユンボで指定の箇所に何回も何回もピストンして片づけさせていただいたのです。

同時に支援物資も配給させていただいたりもしましたが、あっという間になくなったのを覚えています。あのような恐ろしい自然災害がないことを祈るばかりですが、災害が多い日本は地震・火山と防ぎようがないリスクと向き合わなければいけないと感じます。

自分たちでできることはたくさんあります。災害グッズを揃えたり、地下シェルターを設置したりというのも重要ですし、家を選ぶときやリフォームするときにも正しい選択することでリスクヘッジを図ることが可能です。それが天然素材を使用した健康住宅事業です。

何の関係があるのかと思われることでしょう。実は、天然の漆喰がもたらす効果の中で、放射能数値が激減するというケースがあるのです。

ご紹介したかった九州の新聞社の記事があったのですが、残念なことに今はどこを探してもありません。もし、新聞社の方が本書をご覧になっていたら教えていただきたいのですが、私が読ませていただいた記憶の中から記載すると、千葉県柏市が放射能のホットスポットと言われているのですが、ある教会に天然漆喰が塗ってあり、教会の中と外を比べたら放射能数値が教会の中のほうが劇的に低かったそうです。

また、その他としては弊社の関係先のメーカーでも柏市で同じ結果が得られています。一般住宅でもこのような結果が出るとは天然漆喰の効果は凄いと改めて感じさせられます。

7　24時間換気のからくりには巨大な隠蔽が隠されていた

高気密高断熱の住宅

エコ住宅と呼ばれる「高気密高断熱」の住宅が増えました。一方でホルムアルデヒドといった化学物質によるシックハウス症候群やアレルギー被害なども、よく耳にするようになっています。

それらを解決するのが室内の空気を換気してくれる24時間換気システムでした。平成15年の建築基準法改正以降に新築された住宅には、24時間換気システムの設置が義務づけられています。

しかし24時間換気システムが稼働していることで「入浴時に寒い」「電気代が高い」「冷暖房の効率が悪い」といった問題が浮上してきます。

平成15年に国はこの問題を解決する施策をとっていますが、それは社会問題になったからであり、それまでは放置されていたことは事実だといえるでしょう。

3種類の換気方式

換気システムには3種類の換気方式があり、外気を取り込む給気と室内の空気を排出する排気の両方を換気扇などの機械によって強制的に行なうのが「第1種換気方式」。

機械によって給気を行い、排気口から自然に排気する方法が「第2種換気方式」です。逆に給気口から自然に給気し、排気を機械によって強制的に行う方法を「第3種換気方式」といいます。第1種換気方式の場合は、給気と排気を機械によって行うので最も空気の流れがコントロールしやすく、安定した換気効果が得られますが、ランニングコストは高くなります。

第2種換気システムは換気扇などによって強制的に給気し、自然排気により換気を行う場合は、ランニングコストが抑えられるものの、排気が十分に行われないので、結露になりやすいのです。

第1種、第2種と比べて、給気口からの自然給気と換気扇などで排気を行う第3種換気システムなら、コストが抑えられる上に強制的に排気を行うため、結露の発生も防げます。

では、そもそも、24時間換気を付けなければいけない理由は何でしょうか？　ここまでお読みいただいたあなたにはもう、おわかりですよね。

そう、建築資材が原因なのです。根本的な部分を正さなければ何の解決にもならないと、強く申し上げたいのです。

ここでは平成15年以前のことを指します。しかし、現実的には禁止されている接着剤を使用している業者もあると聞きますので確認することが重要です。

8　安い持ち込み家具には大量の接着剤が使用されている

顧客のことを考えない家具の大量生産メーカー

安い持ち込み家具メーカーについてお話しましょう。ここに記載することはできませんが、それは国内外を含む多くの大量生産のメーカーです。施工業界でもコンビニの生産方式のように顧客のことを全く考えていない商品が実に多いのです。

多くの住宅メーカーの新築、賃貸マンションに入ったときに眼や頭が痛くなったことはありませんか?

家具メーカーに入っていただければわかると思いますが、あの何とも言えない匂い。感じないという方は意識して、嗅覚をとぎすませてみてください。私の言っていることがわかっていただけると思います。

前述したように、建材で合板・クロス・防腐剤が問題を引き起こしているのですが、つくり方は全く同じで大量の接着剤を使用しています。

国交省の主な対策

前ページの『国交省による注意書き』にもあるように「主な対策　建材や家具、日用品などから発生する化学物質を減らす」とあります。その後に換気を付け、空気を綺麗にするという曖昧な表現が気になりますが、要は家具や日用品は買うときにしっかり調べてチョイスすればいいのです。既に購入されてしまったという方は、可能であれば買い換えをおすすめします。

健康や異臭の被害についてはインターネット検索をするとたくさんのお客様のご相談が載っているので、そちらをご覧いただければと思います。「テーブルを購入したのですが、匂いが取れません」「カラーボックスを購入したのですが、匂いが何とかならないですか？」「本棚を購入し……」「ベッドを購入し……」とお悩みをご紹介しだせば枚挙にいとまがありません。

ひどい方は「息子と二〇〇に行ったのですが、店内にいるだけで息子が『顔が痒い』と言いだし、真っ赤になりました」という敏感な方もお見えになります。（ヤフー知恵袋から引用）

これが小さいお子さんの勉強机やベッドだとしたら、どんな悪影響があるかと思うと寒気がします。リーズナブルな家具で費用を抑えようというのはたいへん危険です。場合によっては、治療費のほうが高くかかるもしれません。

9　買うな、危険！　このペットフードは避けるべし

ペットフード安全法

「使うな、危険！」という商品は世の中にたくさんあります。これまで建材や家具、そしてコン

ビニ弁当などを挙げてきましたが、ペットフードも酷いようです。

２００８年、ペットフード安全法というものができ、今まで無法地帯であったペットフード業界にも規制がかかるようになりましたが（もちろん、意識の高い会社は昔にもありますし、気を遣われていることと思います）、実は今でも、考えられないような成分が含まれたペットフードは存在するのです。

アレルギー性の高いフード

まず、犬にとって一番大切な栄養素、タンパク質。主に肉が使用されますが、それが本当に「肉」なのかということです。肉副産物やゴミ同然の肉粉（○○ミールと表記されているもの）を使用することによりコストダウンを図っているフードが多く見られます。かさ増しのために小麦やとうもろこしなどの穀物類を使っている商品もあるとか。穀物はアレルギーを起こしやすいともいわれており、特に小麦はグルテン含有量が高く、最もアレルギー性が高いとされています。

添加物

それだけではありません。美味しそうに見せるための人工添加物。鮮やかな色をつけて目を引きますが、多くのペットフードに使われているのは赤色何号、青色何号というもの。これは毒性が強く、他国では禁止されているところもあります。また発色剤である亜硝酸ナトリウムは、それだけだと無害ですが、ペットフードに含まれている別の成分と合わさると、ニトロソ化合物という毒に変化するのです。

こんなものが混ぜ込まれていて、犬にとっていいわけがありません。

また、肉に関してはもっと怖い事実も。スーパーでも当日の売れ残りを翌日のひき肉として一部のスーパーが出していると聞いたことがありますが、ペットフードも同じようです。ここで衝撃の記事をご案内します。本当に寒気がする記事ですが、お読みください。

犬猫の死がい処理委託問題

徳島市などが業者への委託を中止　県は陳謝　／徳島［毎日新聞／徳島2月22日］徳島市、鳴門市、佐那河内村が、路上などで死んだ犬猫の死がいの処理を一般廃棄物処理の認可のない徳島市内の肉骨粉加工業者に委託していた問題で、県は21日開かれた県議会同和・人権・環境対策特別委で、廃棄物処理を適正に行う責任者として陳謝し、同3市村が既にこの業者への委託を中止したことを報告した。

山田豊委員（共産）の質問に、上野秀樹・廃棄物対策課長と橋本保久企画監が答えた。上野課長は、「これまで相当期間、自治体が業者に委託しており、動物愛護法と廃棄物処理法のどちらで解釈するか問題だったが、（一般廃棄物で扱うべきとの）国の解釈が示された。これを契機に、市町村での適正な処理が行われるよう指導したい」と答弁。また、橋本企画監は3市村が認可を持つ業者の委託先を探していることも報告した。

つまり、ペットフード加工業者に死肉が流れていたのを県が容認していたということです。おそらく、徳島だけの問題ではなく、日本国内中の問題だと思います。その他として、一般的にはあまり知られていませんが、ペットフードの原価はたったの5円です。

4Dと呼ばれる食品不適格品

畜肉には4Dと呼ばれる食品不適格品があるそうです。4Dとは人間の食用として使用することを禁止された、Dead（死んだ動物の肉）・Dying（死にかけていた動物の肉）・Disabled（身体の一部に障害のある動物の肉）・Diseased（病気の動物の肉）の頭文字をとったものです。

これらの肉を使うと、色が悪くなります。そこで、先ほどに挙げた着色料や発色剤を混ぜ込まなくてはならないのです。

安いペットフードにはこれらが間違いなく使用されている。信じられませんが事実です。家族も同然のペットなら、このような粗悪なフードはぜひとも避けたいところ。犬にとって適した食材を使用しているプレミアムフードを与えるようにしましょう。

事実、フードを変えただけで、長年の疾患が治った、健康になった、毛艶がピカピカになったというケースはいくらでもあるのです。

10　失敗リフォームの代表例

健康を重視していないリフォーム

失敗リフォームの例をご紹介しましょう。ここでご紹介する失敗とは、健康を重視していないリフォームを指します。「ペットの気持ち住宅」はペット（もちろん、飼い主である人間も含めて）の健康を一番に考えたい方へのご案内です。「ペットや自分が不健康だろうと関係ない」と言われる方向きのお話ではないので、それを踏まえて読んでいただければと思います。

失敗リフォーム例

本書では健康をキーワードにご説明してきたので、おわかりかと思いますが、失敗リフォームの一例として「クロスを張り替えた」「フローリングを新しくした」「フラッシュドアに変えた」「合板が貼ってあるキッチンに変えた」というものが挙げられます。

せっかく接着剤の効力が薄れてきたのに、身体に害のある新建材を使用してしまう。「ビニールクロスを張り替えて綺麗になったね！　だけど頭が痛い……」なんてことになりかねません。何度も申し上げてきたように、現代建築の内装は人体に悪影響を及ぼすものばかりです。合板のフラッシュドアにビニールクロスに合板のフローリングと接着剤のオンパレード。

いくら見た目がキレイになっても、健康を代償にするにはリスクが高すぎます。病気の原因は食べ物や運動不足だけではないのです。居住する自宅が自分たちの健康を害していたら、せっかくの食事制限も定期的な運動も無駄になります。

住んでいる家が体にとっても快適で心身共に「やっぱり我が家が一番、気持ちいいな」と心から思っていただけるよう、情報をしっかりと入れて健康に配慮したリフォームや住宅購入をしましょう。

使用建築材料表で告示対象建築材料の種別（等級）を明示しなくてはなりません。使用建築材料の個々の商品名、ＪＩＳの認証、またはＪＡＳの認定の別を特定する必要はありませんが、原則として、国土交通大臣の認定に係る認定書の写しを提出する必要があります。その写しとは、建築基準法施行規則別記第50号の12様式による書類のみならず、認定をした建築材料の内容を記載した別添の書類の写しも含まれます。ただし、確認申請時に使用する建築材料が確定していない場合は、使用材料の種別が明示されていればよく、確認申請時の認定書の写しの添付は不要です。

なお、確認申請時に認定書の写しを添付せずに認定材料を使用した場合には、完了検査申請時等に当該認定材料の認定書の写しの提出が必要となります。

・中間検査及び完了検査では、内装の仕上げに用いたすべての建築材料について、その種別（等級）、種類、数量及び確認に要した表示または書類等（ＪＩＳ、ＪＡＳ、国土交通大臣の認定に係る認定書の写し等）その他の工事監理の状況に関する事項について、具体的かつ詳細に記載した受入検査の記録が必要です。

第4章　医者や消防士が

「ペットの気持ち住宅」を選ぶ理由

1　ペットが長く生きられる理由

ペットの長生きのわけ

ペットが長く生きられる理由は、今住まわれている住宅が新築でもリフォームでも快適に暮らせるからです。快適に暮らせる定義は人それぞれだと思いますが、本書では「健康に快適に暮らせるか？」という視点からお話をいたします。

「あの世までお金は持っていけない」と言われるように、健康あってこその人生です。身近で突然亡くなられた方も多いとは思いますし、テレビを観ていると、よく拝見する芸能人も若くして亡くなられた方も多く、本当に残念でなりません。このような僕の受け取りはやはり、それなりの年齢に来ているからでしょう。若い頃よりも年を追うごとに先の話題に敏感になり、「人の人生は儚いな」、「自分もいつか来るんだろうか」等と感じます。

ペットを飼わない方にその理由を訊ねてみると「お別れするのが辛いから……」という声が圧倒的です。犬の寿命であれば10年～13年。猫は15年といわれています。

ペット医学の進歩

これも諸説あるので一概には言えませんから、参考程度で読んでいただければと思います。一昔前の猫や犬は今よりはるかに寿命は短かったのです。それは単純に栄養が足りてなかったということと、動物の病気に対する医学の飛躍的な進歩（特に１００％防げるようになった、フィラリア予防薬）が理由として挙げられます。それともう1つ、昔と比べて、ペットを飼育される方々の気持ちが変わってきているからです。

私が子供の頃はペットに人間の食べ残し、いわゆる残飯を与えていました。味噌汁のぶっ掛けご飯は通称「ねこまんま」と言われているようなものでした。単純に栄養が足りてなかったのですね。

では、栄養が足りているはずの現代でなぜ、ペットが病気になるのか。

先に「ペットを飼育される方々の気持ちが変わってきた」と書きましたが、可愛がりすぎるあまり、人間の食べ物を「ほしがるから」という理由で過剰に食べさせているからです。

何でも与えればよいわけではありません。様々なものを適切な配分で摂らなくてはならないのに、同じ者ばかり食べたり、食べ過ぎたりしては健康になるはずがありません。バランスが無視されると栄養が偏り、病気になるケースが多いのです。

2　ペットの寿命は飼い主が縮めている

なぜ、ペットが病気になるのか

ペットの健康を保つ秘訣は「やみくもに人間の食事を与えない」こと。すべてがダメということではなく、選別が必要だということです。欲しがるから、喜ぶからと言って、ケーキや甘いゼリー等を与えては問題です。

糖分は生命活動を行う上で必要不可欠な栄養素ですが、実は普段の食事の中にも相当含まれていますから、不足することはそうそうないのです。

甘いものを与えすぎはダメ

ペットに甘いものを与えすぎると肥満をまねき、かえって疲れやすくなったり、体調が悪くなったりすることも。肥満解消するためダイエットを行うにしてもペットにストレスを与えてしまうので、それなら最初から節制をこころがけ、栄養バランスを考えるほうがずっとよいわけです。ケーキなどの西洋菓子も、動物によって害のあるもの、ないものを見極めた上で特別なときに与えるならよいでしょうが、甘くておいしいからといって与え続けることがペットのためになるとは思えません。

人間だって同じです。私の知り合いの話をさせていただくと、彼には2歳半になる女の子がいます。家族間で食事をしたときに「うちの娘は炭酸が好きで、これしか飲まないんですよ」と笑いながら話すので、僕は頭が真っ白になりました。

人の子だとは思いつつも「それはダメだと思うよ、虫歯になるし栄養が偏るから止めたほうがいいよ」と我慢できずに話しました。他所様の子とはいえ、彼女の将来が心配になったものです。

虫歯の数だけ親の愛情

「虫歯の数だけ親の愛情」と言われますが、判別が付かない子供は親がしっかりと管理してあげないと健康的な成長にも関わりますし、正しい食事の感性も失われてしまいます。

コンビニ弁当を主食に育ったお子さんと手づくりの愛情弁当で育ったお子さんとでは体調も違います。愛情をもって育った子どもは人に愛を分け与えることもできます。人格形成につながっていくと言っても過言ではありません。むろん、親の愛情は料理だけではありませんが、料理に手間をかけられる方は掃除も教育もきちんと子どもたちと向き合える方だと個人的に感じています。

ふるさとを思い起こす郷土料理も親がきちんと料理をしなければ、その風味を感じることができませんし、感覚的なことですが、郷土に対する愛も希薄になってしまうように思うのです。人は様々な経験をして成長していきます。そこには親や周りの人への感謝が必要不可欠なのです。

正しい愛情、正しい知識

ペットも同じです。喜ぶからといって不適切なおやつを与え、栄養の偏ったものを食べさせ続ければ、好きなものばかりを食べて肝心のメインのフードを食べなくなってしまいます。

偏った養分のせいでどんどん太らせてしまいます。結果、人間でいう生活習慣病のような状態になり心臓病・脳・血液の病気等、たくさんの危険が待っています。

医療がいくら進歩しても間違った給餌を続けることで、昔では考えられなかったような病に罹かるケースは多くあると知り合いの獣医師から聞きました。このあたりも、人間の子どもを育てるのと同じように、正しい愛情、正しい知識をもって、ペット達を育てていく必要があると思います。

3　プラスイオンをなくし、マイナスイオン効果で快適生活

マイナスイオン

マイナスイオンという言葉を聞いたことがあると思います。ドライヤーなどで使われていますね。では、プラスイオンは聞いたことはありますか。空気中にはプラスイオンとマイナスイオンがありますが、プラスイオンを取りすぎると体が酸化して、免疫力が落ちてしまうのです。

体調不良の原因の1つに、毎日吸っている空気中のプラスイオンがあります。増えていくと人間の体が酸化方向に向かわせ、体調を崩させるというメカニズムです。

さらに、プラスイオンは免疫力そのものを弱め、疲れやすくさせます。体だけでなく、心にも影響を与えることがあり、うつ病や不安症など心の病気の原因にまでなり得るのです。

プラスイオン

プラスイオンはどうやって発生するのでしょうか。発生源は歴史上には存在しない大気中の汚染物質です。工業製品をつくるのに発生する二酸化炭素・メタン・珪素、炭素、二酸化硫黄、硫化水

素等が大気として日本中、いや世界中に大気汚染として浮遊し、プラスイオンを生み出しているのです。

プラスイオンは外気に多いのですが、実は室内にも発生しています。パソコンやＯＡ機器の電磁波もプラスイオンを発生させます。携帯・エアコン・冷蔵庫・電子レンジ等身近なものからも出ているのです。

そして、私がこれまで警鐘してきた現代建築方式であるビニールクロス・合板・防腐剤等、使用している建材のほとんどがプラスイオンを発生させています。プラスイオンとマイナスイオンはバランスを取らなければいけないのに、生活空間そのものがプラスイオンばかりなので体調が崩れるのです。

ペットの気持ち住宅

「ペットの気持ち住宅」では天然漆喰と無垢材を使用し、接着剤も天然のりしか使用しません。すべてが自然素材なので、建物全体がマイナスイオン優位環境に改善されます。それらは直接、人間に働きかけるだけでなく、周辺の空気に反応してマイナスイオンを生成します。健康のためにぜひ何が必要か考えていただきたいのです。

人間も動物も基本は同じです。最大の違いは人間は言葉が話せて自分の症状を言えますが、動物は言えません。だからこそ飼い主が気付く必要があるのです。

4　住む家を変えるだけで平均寿命よりもさらに長生きできる!!

マイナスイオン優位にする

プラスイオンを減らしマイナスイオン優位にすることでペットや人は健康が得られるとお話しました。しかし家の中でどうしても避けられないものが家電製品です。中には頼らない方もいらっしゃると思いますが、ほとんどの方はテレビを見て、電子レンジを利用し、炊飯ジャーでご飯を炊き、エアコンを付けて過ごし、携帯を暇さえあれば触って、パソコンでネットサーフィンをする生活ではないでしょうか。

これらは、かくいう私の普段の生活スタイルです。家電を使用しない生活等は考えられません。ましてや、ペットを飼うお宅でテレビを我慢することはできてもエアコンは必須ですよね。私たちは家電製品に囲まれています。プラスイオンの実態を聞いたあと、現在の住環境を思い起こしてみると、怖くなってきませんか?

あまり知られていない事実ですが、プラスイオン優位な環境に害虫は集まります。シロアリ、ダニ、蚊、ハエ、ゴキブリ等と言った虫たちがプラスイオンを好むため、みかけることが多くなります。ビニールクロスや合板を多く使用しているご家庭で、なおかつ家電製品をフル活動しているお宅には奥さまが大嫌いな害虫がたくさんいるはずです。

「うちは何でこんなにゴキブリが出るの？」と思われていた方。実はプラスイオン優位の環境が原因だったのです。ぞっとしますね。

プラスイオンとマイナスイオンのバランスをとる

でも、安心してください、解決方法はあります！　家の中のプラスイオンとマイナスイオンのバランスを取ってあげればよいのです。プラスイオンを多く発生させる家電製品を使用しないことは難しいので、マイナスイオンを増やすには家をマイナスイオンが発生する状態にすればよいのです。

滝や森林浴に行くと、気持ち良いですよね。

それは滝や森林がマイナスイオンを発生させているからです。マイナスイオンとは水分が５ナノメートル（１ナノメートルは10億分の１ミリ）よりも小さいものです。滝や森林が分子をそこまで小さくすることでマイナスイオンとして放出し、その場にいる人や動物たちの体を芯から癒やします。

マイナスイオンに触れると、血行が促進され、自律神経のバランスが整います。免疫力も向上し、まず体が楽になります。すると心までリラックスして、安心感ももたらされ、良い気持ちになるというわけです。

天然漆喰はこの滝や森林浴と同じ状態を生み出します。健康を保つための住み良い環境が整うというわけです。

「ペットの気持ち住宅」は部屋に入った瞬間に森林浴のような、ひんやりとしたマイナスイオンを感じていただけます。

5　ペットにも人にも同じ効果で医療費が下がったと感謝の声

建築素材を変えるだけで免疫力が上がる

嬉しいことに、家を天然漆喰にしたことで「医療費が下がった」と感謝の声をよくいただきます。

新築やリフォームでも建築素材を変えるだけで、人間もペットも免疫力が上がります。

ビニールクロスや合板を多く使用している場合、冬場では屋外と屋内の寒暖の差が激しくなり、空気が乾燥してしまいます。喉や鼻の粘膜も乾燥しウイルスが活性化する低温乾燥と呼ばれる条件が揃います。結果、ウイルスや細菌に対する免疫力が弱まり、風邪やインフルエンザにかかりやすくなってしまうのです。

僕が離れて暮らす親と広島に行ったときの話です。楽しい旅行も終盤を向かえ、広島の有名な牡蠣をいただくことにしました。両親は張り切って事前にリサーチをして最終日の夜に地元で有名なお店を予約して広島の牡蠣を生や焼きで楽しみ、量にして３kgくらい食べたでしょうか。帰りの新幹線から親の具合が悪くなり、自宅に着くまでの間中、苦しみとの戦いでした。帰ってすぐ病院に行くと「牡蠣にあたった」との診断でした。

「海のミルク」として知られる牡蠣は「亜鉛」「タウリン」など栄養豊富です。また食感や味もよく人気の食べ物ですが、食べ方にはよほど注意を払わなくてはなりません。気をつけたとしても、ノロウイルスをはじめとして食中毒の危険を完全に避けることはできません。

オイスターバーが流行し、新鮮な牡蠣を楽しむ人が増えるかたわら、たまに苦しむ人が出てきます。厚生労働省の「臓の生食」にて言及されているほど、リスクが高く、加工、保存の基準から火の通し方まで食品衛生法で定められています。

せっかくの旅行だったのに悪いことをしたなと申し訳なく思ったものです。

また、別の日に私と知り合いの合計3人で食事に行ったときのことですが、鳥の刺身が美味しい店に招待し、舌鼓をうちました。が、翌日から私以外の2人共寝込んでしまい、10日程病院通いで2人は仕事を休んでしまったのです。

実はこのとき、私は2回とも何の症状もなかったのです。お腹が痛いとか、下痢だとかもなく至って健康でしたので、「皆弱いな〜」と他人事に思っていたのですが、健康診断で先生にその話をしたときに「井上さんは免疫力が高いと思います」と言われたので、それですべてが納得できたのです。

おいしいものを楽しく食べる。人間としての大きな幸せを、天然漆喰の力で享受することができました。健康になるだけでなく、外に蔓延するウイルスや菌から身を守るのにも一躍買ってくれたのです。

これは私だけではなく、弊社のお客様にもお聞きする話ですが、「血圧が下がった」「アトピーが改善した」「生活習慣病が改善した」等、数多くの嬉しい報告が耳に入ります。自然素材の住宅に住まれる中で免疫力が上がり、体調が良くなったのだと確信を得ています。

6　火事が起きてもボヤで済む理由!?

漆喰は不燃素材として優秀

火事が起きてもボヤだけで済む家がある……。それは漆喰を使用している家だと思います。

漆喰は燃えません。自然素材ですが固まれば石なので、ガスバーナーの１０００度の温度を当てても燃えません。不燃材料として非常に優秀なのです。

「昔は火事の件数は今と変わらないくらい多かったけど、これほど人が死ぬことはなかった」とお年寄りに聞いたことはありませんか。現在、火事場での死因の多くを占めるのが、ガスによる中毒死や窒息死です。現代建築のビニールクロスや合板は、火事の現場ではもの凄い勢いで燃えます。

ビニールと発火性のある接着剤

また、ビニールと発火性のある接着剤は消防法の規定で接着剤に限らず、有機溶剤などの可燃性液体は危険物でそれを一定量含む液状物質は火気厳禁とラベル表記することが法律で決められています。火気厳禁と表記義務があるのは、ゴム系接着剤、エポキシ系接着剤、ドープセメント系接着剤、プラモデル用接着剤などです。

このように「危険物！」とされている接着剤は、火事が起きるとあっという間に燃え広がり、全焼してしまうリスクが高まります。

また、火事で発生する有毒ガスが中毒死や窒息死につながります。どの住まいにも、必ずと言っていいほど使用されるビニールクロスの有害性をご存じの方は少ないのかもしれません。先進国の中で70％近くが森林である、自然の多い国であるにも関わらず、壁で塩化ビニールのビニールクロスを95％以上も使用しているのは世界でも日本だけだそうです。

ビニールクロスは熱分解すると、塩酸やダイオキシンのような有害な有機塩素化合物のガスを大量に生成するので、火災時には非常に危険です。さらに塩化ビニールは、製造、使用、廃棄の過程でも人体に悪影響をおよぼします。その理由は製造工程で塩素ガスが大量に使用され、それらが発がん性の原因となってしまうからです。

様々なリスクがあるビニールクロス。もはや、それを使用する理由はないと言っても過言ではありません。

7　医師が好んで買う医者いらずの住宅

健康の邪魔をする食と住環境

医師は病気に対するエキスパートですから、様々な患者の症例を見ています。内科医として経験を積まれた先生にお話を伺うと、癌に対する原因やインフルエンザや生活習慣病等、多くの事例を見てきてある結論に至ったそうです。

それは「本来の人間は最良である」ということ。人間とは生誕してから死ぬまで健康につくられているといわれるのです。ところが、いつの間にか病気を招いてしまっている。このことは重篤な患者さんの治療をすればするほど、感じられることだそうです。

なぜなのかと追求していくと、本来の健康を邪魔するものの存在に行き着きます。それが加工された食事であり、住環境なのです。本来、人間が求める食事を正しく摂っていれば病気になどならないのですが、余計な加工物を施した食べ物を口にするから弱くなる。これも人それぞれでアレルギーコップのように容量が違い、適正値がわからないので難しい判断なのだそうです。

住環境も同じです。加工された建材を使用するから頭痛、頭が重い、肩こり、目の疲れ、だるさ、腰痛、背中の痛み、ひざの痛み、手足の冷えなど、一見、病気とはいえない症状までも引き起こしてしまうのです。正しい形に戻していくことで実に9割の人が改善するそうです。

これらをつき詰めると「医者いらず」という話になるので、西洋医学を学ぶ方々は口にしませんが、医師の方でさえそれらの現状を看過できないと感じる方もいらっしゃるということです。「医師に殺されない47の方法」という本が１００万部以上の大ベストセラーになるなど、西洋医学に疑問を抱く人が多いのは、人間や動物が本来あるべき姿にいることが重要だと気づいていると いうことかもしれません。

人間も動物も病気になると「食欲不振」と「発熱」が起こります。食と住がもっとも重要ということです。化学製品で加工された食事や住まいを改善したら大抵の病気は治ると言えるでしょう。

すべてが食べ物や建物の影響とは言いませんし、個人差があるのは事実だと思います。しかし、原因が特定されないからこそ、自分で考え行動し、抑制するしかないと僕は考えます。コンビニ弁当を極力避けて、太りすぎず、程度な運動もしてよい住まいの環境を得る。これが健康の秘訣であることは信じて疑いません。

8　同じ買うなら迷うことなく選ぶべき、悪影響ゼロの住宅

マイホームを購入するときは契約する会社をきちんと調べよ

憧れのマイホームを購入するとき、多くの選択肢があると思います。まずはハウジングセンターに出向き、モデルルームに胸躍らせます。

ハウジングセンターに建っているのは1億円くらいの豪華なものが多いのですが、そこはお客様に夢を見せる場所なので仕方がないと思います。一方、安売りメーカーは1億円とはいかないまでも、グレードの高いものやオプションをどんどん足していき、はじめの値段から最終的にはかなり予算が上がってしまうケースもあるようで、ひどい会社では訴訟が起きていると聞きます。それも1件や2件ではないので、マイホームを購入しようというときは契約する会社をきちんと調べる必要があるでしょう。

ハウスメーカーと「ペットの気持ち住宅」の違い

今一度申し上げておきますと、ハウジングセンターに入居する上場有名ハウスメーカーや安売りのハウスメーカーと、弊社がご提供させていただくペットにも人にも優しい「ペットの気持ち住宅」には決定的な違いがあります。

先に挙げたハウスメーカーのすべては化学製品を使用する不健康住宅です。最近はこのあたりも配慮され、改善されてきたと聞いていますが、それは接着剤のことであり、ビニールクロスや合板は相変わらず使用されているのを見ると、１００％お客様目線ではないことを改めて感じるのです。

一流のハウスメーカーは、会社が倒産するリスクが少ないのは安心だと思います。ただ、大手でも安いメーカーは建築基準法ギリギリの柱間隔で、つくっている大工さんが「そのメーカーの家は絶対に買わない」と言っているという話も色んなところから聞きます。

また、無添加を全面に出すメーカーによっても良い話を聞かないことがあります。信じられないかもしれませんが、これが住宅メーカーの現状であり、事実なのです。

漆喰は天然でなければ効果がないことは繰り返し、お伝えしました。そして、混ぜ物をしてはいけません。にも関わらず希釈をして漆喰を塗るので「カビが生えない」と言っているにも関わらず、住んでみたらカビが生えてクレームになり、集団訴訟が起きるのです。実際に弊社の関連会社がそのメーカーの漆喰を手直しで弊社の天然漆喰で処理したケースもあります。

9　火事でも毒ガスに巻き込まれることなく安全確保

ビニールクロスの健康被害

先に天然漆喰を使った家なら、１０００度のガスバーナーで焼いても燃えないと書きました。これは実験もしているので間違いない事実です。もう1つ重要なのは毒ガスが発生しないということ。

繰り返し申し上げると、ビニールクロスと呼ばれる壁紙は日本では壁紙のおよそ95％のシェアを占めるともいわれています。これは発がん性物質やホルムアルデヒド、環境ホルモンなどの健康被害を引き起こす物質を含んでいることがあり、化学接着剤を使用して施行を行うことで揮発性の化学物質で室内にいながらプラスイオンを大量に摂取してしまうことになります。また、燃えるとダイオキシンなどの有毒ガスを発するなど、人やペットを常に危険にさらすことになります。

ビニールクロスは湿気を溜め込みやすく、結露がカビやダニの発生をさせるので健康被害としては最悪の素材といえるでしょう。

ここで改めて建築資材に関する防火基準について触れておきます。

①不燃材料

・通常の火災による火熱が加えられた場合に、加熱開始後20分間は、燃焼しないこと。
・内部仕上げでは避難上有害な煙またはガスを発生しないものであること。

②準不燃材料

・通常の火災による火熱が加えられた場合に、加熱開始後10分間は、燃焼しないこと。
　内部仕上げでは避難上有害な煙またはガスを発生しないものであること。

③難燃材料

・通常の火災による火熱が加えられた場合に、加熱開始後5分間は、燃焼しないこと。

内部仕上げでは避難上有害な煙またはガスを発生しないものであること。

（一般社団法人 日本壁装協会より引用）

逆に言えば、いくら不燃材料とはいえ、20分後には燃えてしまうということです。

その点、天然漆喰は固まれば石に近いので燃えることも有毒ガスを出すこともないので安心していただけます。

10 アンチエイジング効果で美肌に変身

漆喰と珪藻土（けいそうど）

ビニールクロスは湿気を通さないと今までも話してきました。それが結露の原因となり、カビを発生させてカビを餌とするダニが発生し不衛生な状態になります。様々なアレルギーを生み出し、シックハウス症候群が生まれます。

カビが発生する原因は湿度です。漆喰は湿気を吸ってくれます。ただし、吸ったままではだめで吐かないと、カビの原因になる湿度を蓄え、そこにカビの胞子が付着してカビが発生します。

だからこそ、「調湿」をしてくれる天然漆喰が適正なのです。ここで漆喰と比べられるのが「珪藻土（けいそうど）」というもの。珪藻土は湿気を吸ってくれるのですが、材料が中性なのでカビを退治することが不可能なのです。

天然漆喰は強アルカリ性で強力な殺菌作用を持つので、あらゆる菌が生きられません。それが漆喰と珪藻土の大きな違いです。

話を本題に戻すと、天然漆喰が持つ調湿効果は美容にも役立ちます。スチーマーやパックを入念にされている方がいますが、あれは肌の潤いを保つためですよね。乾燥は老化を促し、シワを増やしたり、肌を劣化させます。鉄は酸化すると錆び、コンクリートは酸化するとボロボロになり、食べ物は酸化すると腐敗します。そして、人間が酸化すると、しみやしわができ、ガンや老化が進むのです。

これらを引き起こすのは「活性酸素」と呼ばれるもの。

本来は人間の体に細菌が入っていくのを防いでくれる免疫細胞の1つですが、体内に溜まっていくと酸化ストレスを引き起こします。

活性酸素は特別なことをして生まれるわけではありません。私たちがものを食べ、栄養素を取り入れて、それを分解しエネルギーにする際、必要になるのです。言ってしまえば生きているだけで酸化し続けているわけですが、これに加えて大気汚染、たばこ、精神的ストレスによってさらにその数は増えていくと、活性酸素を分解してくれる体の機能が追いつかなくなってしまうのです。

この進行を止めることをアンチエイジングと言いまして、要は「抗酸化する」ということなのです。

抗酸化をするにはいくつかの方法があります。

まずは「ビタミン」。ビタミンA・ビタミンC・ビタミンE。

ファイトケミカル（フィトケミカル）

これは植物が持っている香りや色素、苦みなどの成分で、元々は植物が紫外線や有害物質、害虫から身を守るために生成した物質です。ファイト（フィト）というのはギリシャ語で植物、ケミカルが化学物質なので、あわせて植物由来の化学物質という意味です。

ポリフェノールやカロテノイドがこれにあたります。皆さんも一度は耳にしたことがあるのではないでしょうか。

また、「酵素」にも強い抗酸化作用があります。

スーパーオキシドジスムターゼ（SOD）

これは生物が代謝の過程で生み出す酵素で、活性酸素を除去してくれます。

カタラーゼ頭皮や毛根から活性酸素を減らしてくれます。

さて、この中で摂りやすいもの。例えばビタミンCは、レモンやほうれん草、ピーマンから摂ることができます。ビタミンAは人参やにら。ビタミンEはくるみなどのナッツ類に多く含まれています。ビタミンも豊富ですが、アントシアニンの多いブルーベリーやポリフェノールの多いプルーンなども効果的。

効率的なサプリ等で摂るのも１つの手です。

しかし、ここまでお付き合いいただきましたが、実をいえば、アンチエイジングを極めるには、食べ物やサプリで解決するだけでは、足りません。

なぜなら周りは活性酸素を生み出す環境ばかりだからです。酸化の要因は、質量でいうと圧倒的に空気のほうが多いのです。室内空間が酸化状態であれば、体内の活性酸素を退治するだけでは追いつきません。

活性酸素に対抗する物質、またそれを含む食品を紹介してきましたが、根本から解決するには普段から過ごす室内の環境をよくするしか道はないのです。酸化を防ぐには、プラスイオンを退治してマイナスイオンを増やし、適切な湿度管理をしてくれる天然漆喰の力が何よりも大きいのです。

食品の安全を守る仕組みは、「リスク評価」、「リスク管理」、「リスクコミュニケーション」の3要素から構成されています。

我が国では、リスク評価機関（食品安全委員会）とリスク管理機関（厚生労働省、農林水産省、消費者庁、環境省等）がそれぞれ独立して業務を行いながらも、消費者庁が総合調整をしながら、相互に連携しつつ、食品の安全性を確保するための取組みを推進しています。

例えば、食塩は人間が生きる上で必要不可欠ですが、摂り過ぎると健康に悪いことはよく知られています。食品の中には多くの物質が含まれていて、その危険性は摂取する量によって変わってきます。

つまり、食品の安全を守るには、食品中の物質が「食べても安全な量」を超えないようにすることが大切です。

（消費者庁から引用）

第5章　大家さんへ！
満室のカギはペット専用マンション

1 「金持ち父さん・貧乏父さん」をきっかけにサラリーマンが投資で失敗

キャッシュ・フロークワドラント

ロバートキヨサキの「金持ち父さん・貧乏父さん」。読まれた方は多いと思いますが、私も夢中で読みました。エイブルという会社に勤めていたため、不動産と不動産投資には興味があり、自然に入り込めました。「こんなに不動産で不労所得があって羨ましいな」という感想を持ちました。キャッシュ・フロークワドラント（お金を稼ぐための生き方を表にしたもの）が経営的であることに衝撃を受けました。

E ： 従業員（Employee）
S ： 自営業者（Self-Employed）
B ： ビジネスオーナー（BusinessOwner）
I ： 投資家（Investor）

この仕訳のように私たちの多くは「E（従業員）」と「S（自営業者）」となります。

私もこの時点ではSの立場で自分なりに一生懸命、取り組んでいたのです。しかし、「B（ビジネスオーナー）」と「I（投資家）」という考え方に触れたときに「なるほど！ ここに行かなければいけないんだ」と思いを強くし、今も経営のベースにしています。

ここでSとBの違いを解説しますと、「B（ビジネスオーナー）」とは、あなたが自分でビジネス（事業）を展開する人です。「S（自営業者）」が自分で事業を立ち上げて、自ら会社を運営していく（プレイイングマネージャー）なのに対して、「B（ビジネスオーナー）」は自分以外の優秀な人材に会社の運営を任せるということです。

実際に経営塾と言われるところへ参加すると、まさに「事業継承の部分を実行しなければ成長しない」と言われますが、自分に当てはめるとまだまだ成長途上だなと感じます。

「I（投資家）」はベンチャー投資、不動産投資、金融市場への投資など、「あなたがお金を投資

することでお金を生む仕組みをつくる」ので憧れる人も多いことでしょう。

しかし私はこの部分でもＦＸや株式投資で失敗をした過去がありますし、何より仕事に集中できないので、止める決意をしました。資金は失いましたがよかったと思っています。

さて、本題の不動産投資の部分ですが、サラリーマンが投資で失敗しているという例が続出しているようです。その理由は次項にて徐々に明かしていきます。

2　不労所得を夢見ての購入は危険なギャンブル!?

クワドランドでいうところの「Ｉ（投資家）」の不動産投資について。基本的なことを申し上げますと、何に投資するにしても勉強が必要だということです。東洋経済新聞にこんな記事があったので、ご紹介します。

不動産投資に失敗する人

「不動産投資に失敗する人」の甘すぎる考え（サラリーマンが簡単にできるものじゃない）。

投資用マンションの売り込みは、基本的には「名簿営業」が大半を占める。ほとんどの場合、名簿はおそらく名簿屋から購入している。（中略）ホームページを見た消費者に問い合わせや資料請求をしてもらい、セミナーに足を運ばせ、営業から購買へと結びつけるパターンだ。とにかく1回、面談にこぎ着ける。そこで一気に営業マンが勝負をかける。もちろん、マンション投資のメリットしか話をしない。不動産投資を行うサラリーマンは多いが、失敗する人もかなりいる。不動産投資に誘う書籍が多数出版されている。どれもみな「これなら自分にも簡単にできそう」と思えるような内容のものばかり。

ところが、残念ながら不動産投資はそんなに簡単にできるようなものではない（一部抜粋）。書籍で夢を見て不動産購入を目指すのですが、大した勉強もせずに投資をすると必ず失敗する。たまたま成功したとしてもそれは偶然にすぎない。

ここでよく考えていただきたいのは、ワンルームマンションは１００対０の投資なのです。入居者が入っているうちは１００％の収益なのですが、入らなければ収入は０円。つまり、借金を自分の給与から支払うはめになります。毎月投資した不動産の支払いをしなければいけないということなのです。

これは投資ではなくてギャンブルです。いわゆる丁半博打と言っても過言ではありません。すべてのワンルームマンション投資が悪いわけではなく、ワンルームマンションのリスクを知り、入居率をしっかりと考えて行うのが正しい投資であると思うので、業者の上手い言葉に騙されて購入しないようにしてください。

ただし、税金対策で不動産投資をされる方は目的が違いますので、利回りは関係ないという方は各自判断されて投資は良いと思います。

3　表面利回り7％は空室が出たら破産⁉

サラリーマンの不動産投資

先程はワンルームマンションのリスクについてお話しましたが、今度は1棟まるごと購入のケースをご紹介します。改めて不動産投資を紐解いてみると、サラリーマンが投資できるのはその属性に大きく関わってきます。

つまり、収入が高く勤め先がよいと銀行もたくさん貸してくれますが、収入が少なく職も不安定だと貸してくれません。そういう意味でもお医者さんのたまごとか、公務員等は属性がよいので、銀行も喜んで貸してくれるのです。

あとは年収によるのですが、アパートローンは年収の10倍～30倍まで貸してくれる銀行もあるようです。

つまり年収５００万円の方は最大で1億５０００万円も借り入れが可能ということになりますが、それも勤め先の属性によりますし、無理しない程度とするならば、５０００万円程度と考えるのが懸命です。

では、仮に気に入った物件があり、５０００万円を不動産投資で借りられたとしても果たして成功するでしょうか？

答えは物件によりけりです。ここは後に詳しくご説明しますが、簡単な目安としては……ある１棟もののアパートの不動産投資の会社の例でお話しましょう。表面利回りが７％とあるとします。投資する方が土地を持っていて、そこを有効活用するのであればよいと思います。

土地＋アパートの全額投資

しかし、ほとんどが土地を持っていなく、土地＋アパートを全額投資で運営すると、これは非常に危険です。表面利回りはあくまで表面ですから実質収入とは違います。ここからローンを支払って、管理費や税金等の経費を引いて残るのが実質利回りと言われます。

実はここが一番重要なのです。

ここに関しては借り入れした銀行金利や家賃設定や立地、そして肝心の入居率が１００％ではじめて成立する数字です。仮に１００％入居したとしても実質利回りは３％程度です。仮に７０００万円のアパート投資だとすると表面利回りが４９０万円でそこから経費を引いて３％として、２１０万円が残る計算ですが、これも入居率１００％ではじめてかなう数字です。２～３室空室があれば赤字に転落します。

７％の表面利回りで投資なんて危険で検討する余地もないことは私を含めた不動産業者の大多数の意見です。

ただし、税金対策で投資する場合は問題ありません。

4　メーカー側の一方的な意見に惑わされて、立地・間取りにすると失敗

ワンルームの提案

不動産投資メーカーから提案されるのは大抵がワンルームです。理由は小さい区画でも利回りがよくなるからです。利回りがよくなると見た目の数字が上がるので、収支としては魅力ある提案になりますよね？　ただし、それが現実に続くのであれば、の話ですが。

あるメーカーは木造のワンルームだけでは間取りに華がないと、ロフトを付けて提案しているのを拝見します。好みではあると思いますが、ロフトはもはや古いし、使い勝手が悪いのではないかと感じます。これも需要と供給なので、ある地域では人気でも、他の地域では不人気ということもあります。

当然、ロフトが供給されてない地域であれば、もの珍しくて人気も出るでしょうし、ケースバイケースです。様々な状況を考えた上で判断されたほうがよいでしょう。

自分の住んでいる地域が何の間取りが人気なのか。どの地域が一番、空室率が少ないのかを総合的に判断することが失敗をしないコツです。

それともう1ついちばん重要なのは利回りです。

表面利回り７％以下はオススメでない

家賃について。メーカーが提案するのは想定家賃という場合もあります。例えば75，000円の家賃で満室になり、利回りが７％で収支表を持ってこられたとします。

数字が本物であれば問題ないのですが、実際には65，000円でないと入る人がいないとしたら、どうでしょう。収支が全く違ってきます。したがって、数字のマジックに惑わされることなく、業者の数字を自分で調べてから判断しなければなりません。

以上を考えると表面利回り７％以下はオススメできません。最低でも10％以上で表面利回りが出ること。それに立地も重要です。不人気のところに建っていたり、駅から遠いとか条件等もしっかりと判断し、向こう15年も大丈夫か？　もしくは５年後に転売可能か？　といろいろな側面で判断されるのがよいでしょう。

5　供給過多のアパート・マンション市場の勝ち組戦略

賃貸市場は飽和状態

そもそもアパート・マンションはすでに供給過多です。分譲住宅や持ち家は2014年頃から横ばいなのに対し、賃貸住宅だけは右肩上がりという統計が国土交通省から出ています。

『日本銀行が今年1月に公表した「地域経済報告」をご覧ください（下記記載）。この中で日銀は「多くの地主等が短期間のうちに貸家経営に乗り出した結果、貸家市場全体でみると、需給が緩みつつあるとの声が聞かれている」「実際、賃貸物件の仲介業者等からは、郊外の築古物件など相対的に魅力の乏しい物件を中心に、空室率の上昇や家賃の下落が見られるとの声が聞かれている」などと、賃貸住宅市場の現状に警鐘を鳴らしている』

（東洋経済オンラインからの引用）

このように賃貸市場はすでに飽和状態なのです。特に首都圏は空室は上昇しています。

供給過多の状況の中でどのように不動産賃貸経営を安定させるのかを各不動産投資家や賃貸仲介業の方々、または管理会社の方々が知恵を絞って取り組んでいますが、現実は難しい。だからこそ、人がやっていない健康をテーマにする必要があると感じます。

これを分析すると各メーカーが同じ建材メーカーを使用し、デザインだけを変えて提供しているため、入居者は違いを全く見いだせず、立地や家賃のみで判断しているということです。

リフォームの改善提案

それらを改善するために、弊社では「ペットの気持ちリフォーム」「健康リフォーム」をご提案しています。多少デザインの違いがあっても何も代わり映えしない物件より、家賃を無理に下げなくても手に入る、外装、内実ともに特徴のあるアパート・マンションのほうがよいですよね。供給過多の今だからこそ、差別化を図って、健全なアパート・マンション経営にしましょう。

6　リノベーションは単なるデザイン。流行り廃りに惑わされるな！

リノベーションとリフォームの違い

リノベーションが流行って数年が経ちます。リノベーションとリフォームの違いについて、あまりわからないという方も多いと思うので、改めてご説明しましょう。

住宅に手を加える点ではどちらも同じです。

ただ、リフォームは「老朽化した建物を建築当初の性能に戻すこと」つまり、修復の意味合いがあります。キッチンを新しいものに変える、クロスを張り替えるなどの工事は「リフォーム」に分類されます。

リノベーションは、「機能を変更して性能を向上させる」ことで、より良いものに進化させていく意識があります。工事も間取りの変更を伴うような大規模なものになります。

しかしその実態は想像されるものとだいぶ違っているでしょう。リフォームは、ビニールクロスや合板の床材を張り替えて、真新しい接着剤をふんだんに使用するので、新規の毒を盛り込まれプラスイオンを発生させるマンションになるだけです。リノベーションも、デザインが今風になっただけで現状の建築資材を使用しているという事実は変わらないのが現実なのです。デザインはファッションと同じで流行り廃りがあり、その移ろいは早いのです。

洋服であればよほど高価なブランド品でなければ買い替えればよいし、リサイクルで売ることもできます。しかし、リフォームやリノベーションはたくさんのお金をかけて施し、納得いかなかったからといって簡単に手放すことができません。大金をかけて解体し、やり直すしか方法がないのです。ビニールクロスは入居者が入れ替わる度に張り替えなければなりません。建設省のガイドラインで大家負担率が高くなったので、昔のように入居者に負担させることができません。

一方、漆喰は汚れも付きませんし、付いても簡単に取り除くことができるのです。

さらにペットの匂いも付かず、ランニングコストが安く済みます。流行に惑わされずに、世の中の動向をしっかりと観察して計画的な資産運営をしましょう。

7 アトピー対策マンションで差別化

管理費で家賃を100%補償のカラクリ

特徴のあるアパート・マンションが大事だとお話しました。間取りや内装で他社と差別化できないアパート・マンションだと、近隣に新築ができた段階で築年数が古い物件は負けてしまい、家賃を下げるしかありません。

また、新築でアパート・マンションのメーカーや管理会社が運営する「家賃保証」という制度があります。「10%の管理費で家賃を100%補償します！」と契約のときは力強く言いますが、実はこれには裏があり、当初の2年間・3年間・5年間で家賃の見直しをするという契約なのです。

その後、家賃は大幅に値下げをされて、当初は8万円ではじまったのが7万円に減額され、次の更新には6万円にというからくりです。30年間保証というのは家賃改定ありきの話なので、30年間同じ家賃で保証されるわけではないということをご理解ください。

新築のうちはよほどの僻地でない限り、入居者は埋まるでしょう。しかし、不動産ローンは10年～30年という長いスパンです。ローンが終わるまでに収支が合わないと破産ということになるので、業者の言いなりにならず、対策を練らなければいけないのです。

アトピー対策アパート・マンション

そこで提案するのがアトピー対策アパート・マンションです。アトピーに悩まされる人、動物はたくさんいるのですが、原因の1つである住居が現状では全く改善されていません。ここにビジネスチャンスがあるのです。

アトピーで困っている方々は、立地や明るさなどの条件よりもまず先に、適した環境を求めます。アトピー対策住居があれば、必ず選ばれることでしょう。小さいお子さんをお持ちのご家庭でアトピーの症状がない方でも、アトピー対策マンション等の他物件と較べても選ぶ価値があるので、入居に困ることはないのです。皆さんの街のどこかにアトピー対策アパート・マンションなんて聞いたことありますか？　おそらくないはずです。

それは、弊社が日本ではじめて開始したサービスだからです。ここだけにしかないリフォームで1人勝ちしましょう。

8　ペット特化型マンションで満室御礼

ペット専用のアパート・マンション

先にご説明したアトピー特化型アパート・マンションと同じく、今度はペット専用のアパート・マンションのご提案です。ペットＯＫのアパート・マンションは世の中に存在しますが、ペットがＯＫというだけで、本当の意味でのペット対策仕様になっていないのが現実です。

では、ペット専用とは何か？　これまで何度もご説明してきたように、ペットが快適に、健康に暮らせる空間であることです。ペットＯＫといっても中身を見たら普通の内装では、意味がないのです。

ペットは屋外ではなく室内で飼育するので当然ながらトイレも部屋の中です。匂いが家にしみつきます。飼い主の方は自分の家なので気づかないことも多いのですが、来客時、迎えた人が強烈な匂いに顔をしかめることもあるかもしれません。

また、猫の場合はその習性から爪とぎもするので壁紙を傷めることが多く、ひどいと柱まで傷つけたりします。「おしっこの匂いが取れない」「リフォームが大変」「次の入居者が匂いで決まらない」

といった理由でペットNGを出す大家さんが多いのです。しかし、天然漆喰を施すとペットの嫌な匂いは一切つきません。漆喰の強アルカリ性が匂いを分解してくれるからです。

さらに、猫の爪とぎも一切しません。漆喰は固まれば石なので、爪が負けてしまうため、猫達は壁に爪とぎをしなくなるのです。漆喰は防音効果も高いので、ペットの鳴き声を軽減します。退去時のリフォームも清掃程度で済みます。経費も少なくペットによる建物被害も少ない、ペットを長生きさせることもできる。飼い主様には確実に喜んでいただけます。

「ペットの気持ちリフォーム」でペット専用マンションに変更すれば、家賃を無理に下げなくても健全なアパート・マンションになります。

マンション供給過多の現状だからこそ、差別化を図り、より健全な経営にしましょう。

9　趣味を取り入れたコンセプトマンション経営

趣味に特化する

賃貸市場は年々変わりつつあります。長屋に始まり、木造アパートに移行して、鉄骨アパートになると同時に、鉄筋コンクリート造（ＲＣ）が供給されてきました。構造に関してはそんなに進化はしていないのですが、間取りが１Ｋから１ＬＤＫや３ＬＤＫと広がり、都心ではタワーマンションも生まれました。年を追うごとに見た目は綺麗なものが供給されてきて、セキュリティーも強化され、中にはコンシェルジュがいるマンションもいます。

これら高級マンションは私を含めた一般の方には縁が薄いので割愛しますが、一般的なアパート・マンションは見た目以外は大した進化はしていません。先程からお話ししているように、差別化を図る方法として弊社は取り組んでいませんが、趣味に特化するのもありだと思います。

「ガレージが見えるマンション」「バイクが見えるマンション」「自転車（バイク）と共生できるマンション」「天体観測ができるマンション」「ベランダご飯」「音楽専用」「音楽家」「料理」「アトリエ」「ガーデニング」「ワイン」「ダンス」「釣り」「囲碁」「将棋」「麻雀」「カラオケ」などなど、用途に特化した部屋がある建物をコンセプトマンションと呼びます。普通のマンションではできないことを叶えられるマンションなので、ここに需要が生まれます。

コンセプトマンションに変える

たとえば、食事をするにしても自分の好みのものを選んで店を決めますね。趣味にしてもミュージカルが好きな人や美術館が好きな人、または格闘技が好きな人など、その人の趣味で選択をしているはずなのに、住むところの選択肢が非常に少ないのはどうしてでしょうか。

ですから、自分らしく部屋を改造する方も多いと思いますが、賃貸物件だとそれにも限界があります。不動産大家さんが選択して自分が思うコンセプトマンションに変えればよいのです。そうすることで競争率の激しい賃貸業界でも生き残っていける道が開けると僕は私までの仕事の経験から確信しています。

10　行列のできるマンション経営のコツ

業者の言いなりでは上手くいかない

アパート・マンションは経営です。入居者が満室になって収益が得られることで成り立つ事業です。そこを業者の言いなりになって、選択を間違えると必ず失敗します。では、失敗しないために何をすればよいのか？

学校でも仕事でも勉強せずに成長することはありますか？　全く勉強せずに成功するでしょうか？　答えはＮＯです。仕事はどんな仕事でも学んではじめて前に進むことができます。前に進むことを諦めた人は挫折するのが常です。

アパート・マンション経営も業者の言いなりで経営して、上手くいくのはよほど物件がよいか、たまたまそうなったに過ぎません。世の中には確かに良い物件が存在します。それに運良く当たればアパート・マンション経営は上手くいくでしょう。

しかし、そんなに上手い物件は世の中にゴロゴロあるわけではありません。業者も一般に情報が流れない状態で飛ぶように売れるから、一般の人が目に触れる暇もないままで流通していくのです。良い物件をたくさん抱える不動産屋と出会ったらラッキーです。そのときは迷わず買ってください。

大半は普通か普通以下の投資物件なのです。それが現実なのです。

差別化マンション経営

しかし、実は普通以下の投資物件を金のたまごに変えることができるのです。その方法こそ、先程からご提案している差別化マンション経営です。「ペットの気持ち住宅」「アトピー対策住宅」で既存の普通以下の物件を行列ができるマンションに進化させる。これこそ投資の醍醐味です。普通以下の物件であれば、価格も普通以下です。そこへ「ペットの気持ち住宅」「アトピー対策住宅」でリフォームをかけると入居率は格段に上がります。これは私が手がけてきた物件の事実なので、それを確信しています。

しかも、いくら賃料をアップしても入居率は下がりません。結果として、利回りが7%から10%以上となり、危険な投資から安全で魅力ある投資に変えることができるのです。事業経営もマンション経営も戦略です。

戦略なくして勝利なし！　賢く運営しましょう。

マンション・アパートは現状では供給過多です、少子高齢が進む世の中でこれ以上のマンション・アパートは本来なら不要です。

しかし、たくさんの書籍や収入を増やしていこうと考えられる方にとっては魅力ある投資だと思いますが、十分に考慮して投資を行うようにしましょう。

第6章　家カビ・結露は2つの方法で根絶できる

1　家カビは最終死因に関わる危険物

人の生死に関わるほど影響力を持つカビ

家カビって聞いたことありますか？　文字通りに家に生息するカビです。カビの種類は5万種以上あるといわれており、その中には生死に関わる危険なカビもいるのです。

恐ろしいのはカビが原因で病気になったにも関わらず、その症状が風邪や気管支炎に似ているため原因を間違われることが多いのです。

レントゲンを撮ってもカビの影も映らないので、カビと気づかず間違った治療法をされることにより酷いと死に繋がってしまいます。

特に恐ろしいカビをご紹介しましょう。アスペルギルス・フミガータスという種類です。聞いたことのない名前だとは思いますが、人の生死に関わるほど影響力を持ったカビといっても差し支えありません。これが体内に入って住み続けると、健康な肺は破壊されて、呼吸器不全になり、最悪の場合、死に至るという報告があるようです。このカビはエアコンや毛布の中に棲んでいます。洗っていない布団など、要注意です。温かい場所には棲みつきやすくなります。

通常、カビは人の体温に近い温度では生きられないのですが、アスペルギルス・フミガータスにとっては好ましい温度。感染力が強く毒素も強いため、人間に大きな影響を及ぼしてしまいます。

カビ対処法

対処法としてはエアコンの掃除や換気が挙げられますが、限界があります。目に見えずに家のホコリの中にたくさん住んでいるので、知らないうちに吸ってしまい病気を引き起こしてしまいます。怖いですね。

では、どうすればよいのか？　答えは簡単。カビを根絶すればよいのです。漆喰でも調湿によって十分にカビを根絶することができますが、今回はもう1つの方法をご紹介します。

私の知り合いが紹介してくれた後藤さんです。宮崎県でご商売をされています。この方はお父さんの時代から防カビ事業をされていて、様々な実績をお持ちです。詳しいことは次章でご紹介するとして、それがどれだけ素晴らしいかをご説明しましょう。

後藤さんの防カビ剤

通常では食品会社や病院等、カビが生えてはいけない企業があらゆるカビ対策をしても３か月と持ちません。工場で加工する食品を茹でたり、加工したりと大量の湿気が1年３６５日24時間体制で稼働しているからです。

環境的に当然と言えば当然ですが、カビが生えると食中毒を起こしたり、他の病気も発生させることもあるので、何としてでも排除しなければいけません。企業側も試行錯誤した末に後藤さんと出会い、そこで開発された防カビ材を使用することで見事にカビが発生しなくなったのです。

それは後藤さんの防カビ剤が、他のものと比べて圧倒的に成果の出る商品だからです。企業秘密になるので、成分をここで明かすことはできませんが、スーパーゼネコンさんが後藤さんの商品を自ら営業して販売してくれるほどなので、質が高く信頼できる商品です。

今回はあらゆるカビを根絶する防カビ剤をもっと広めるために弊社がＦＣ本部として、進めていくことになりました。企業の防カビ剤を一般住宅に取り入れて、お客様により喜んでいただける住宅を目指していきます。

2　首里城や横浜ランドマークを施工し、清水建設が売ってくれる防カビ剤とは

防カビの威力が強い

今回の防カビ剤の実績は首里城や横浜ランドマークを始め、大手お菓子メーカー・飲料メーカーとＣＭで流れているおおよその企業が取り入れています。

さらに、文化遺産や施設と全国で３５００箇所以上の施設で取り入れられ、最近では温泉の露天風呂の柱や梁のカビも対応させていただいています。

こちらでメーカーを挙げられたらよいのですが、清水建設様、大林組様との関係で控えますが、お問い合わせをいただいたお客様にはご案内いたします。

ではなぜ、そんな有名な施設でも取り入れていただいているのか？

清水建設様や大林組様が積極的に販売してくれているからです。それだけ防カビの威力が強いという証拠です。その防カビ剤を扱うのが、先ほどもご紹介した宮崎県在住の後藤さん。後藤さんはお父さんの代から防カビ剤を扱っていらっしゃって、二代目のお嬢さまです。宮崎美人で、本書にもご紹介したいところですが、恥ずかしがり屋なためお顔を掲載するのはＮＧなので残念です。

素晴らしい防カビ剤を後藤さんとのコラボで弊社がＦＣ本部として展開させていただくことにな

りました。

これだけの実績のある建材を扱えることは、たいへんありがたく感じています。まさに健康というテーマにふさわしく、自信をもって皆様にご提供させていただいています。スーパーゼネコン様が扱う防カビ剤は湿気が原因で発生するカビが生きられない環境に確実にしてくれます。

3　自らの経験を懺悔して……悪いものと知りながら家を売るな！

こんなに短い期間でリフォームなんてありえない！

かくいう私も無添加の住宅を扱う前は一般住宅を販売していました。ビニールクロスに合板、外壁はサイディングに防腐剤と人体に悪影響を及ぼすもののオンパレードです。それを知りながら販売していた自分自身を今や、心から反省しているのですが……。

当時のことを思い返してみました。ある日、お客様から「話があると」連絡をいただきました。

何か不具合かな？　という程度でお客様の元にお伺いするとかなり険しい表情で「井上さん、あなたを信頼して家を頼んだけど、これは酷いんじゃない？　建てて7年しか経ってないのに、外壁がもうボロボロだよ」

「いえ、そんなはずでは……こちらの商品は有名な建材メーカーのもので、耐用年数は塗装まで最低でも10年～15年は持つはずです」と答えたのですが、現状を見ると確かにボロボロ……僕は絶句しました。

35年の住宅ローンで高い買い物をしていただいたのにも関わらず、こんなに短い期間でリフォームなんてありえないと愕然としました。

別の日では他のお客様から「結露がひどくてカビだらけだから何とかして！」と緊急の電話があり、駆けつけてみるとカビがひどくて、クロスも拭き取りでは間に合わないほどだったので、無償で張替えをいたしました。

それからというもの、現代建築を見直ししなければいけないと痛感させられたのです。高価なお金を払っていただいているのに「今まで自分は何をやっていたのだろう。お客様は夢と憧れを抱いてマイホームを購入したのに、これは裏切り行為なのでは」と、お客様への懺悔の気持ちで現代建築が人間に与える影響を徹底的に調べました。そこで改めて思ったのです。「こんな建築資材は扱えない……」と。

そして、1か月後にはそれまでのもの一切の販売を中止して、人々が住む住環境について、何度も分析・調査を繰り返しました。そして、最終的にたどりついたのが「無添加宣言の家」という漆喰・無垢材・天然ノリとホウ酸・外壁という人体に無害な建築会社への転換でした。

そこからさらに、自らのペットたちが人間と同じ被害を受けていることをも知って、「ペットの気持ち住宅」を設立したのです。

ペットや人間にとって、健康で暮らせる家、それがペットの気持ち住宅です。

4　生体エネルギーで酸化を防ぐ

生体エネルギー資材を家づくりに使う

ここで話題を変えて、生体エネルギーについて書くことにします。難しい話になるので、なるべくわかりやすくお伝えします。数で表現すると「複数」が「1」になります。

したがって、自然界の法則では「1＋1＝1」という式になります。例えば水を例にすると「H＋」と「O21」という複数の個から「H2O」という1つの個ができます。水素と酸素と水分子を組み合わせると、それぞれが違う分子です。その違う種類の原子が1つになることで、相違する分子の内容も元となる原子の内容も保持したままでいられるのです。

原子と分子の関係は、集合を繰り返すことで成立つ私たちの世界すべての物にあてはまりますね。これがどう建築に関係するのかと思われるかもしれません。

私はこの生体エネルギー資材を家造りに使用したのです。すると「外壁が汚れない」、「ほこりがつきにくい」、「カビない」、「ペットの匂いがしない」、「生ゴミの匂いがしない」という現象が起きます。

「そんなことあるわけがない」と疑念を抱かれると思いますが、実際には生体エネルギー水を資材に混入すると、分子が自然界の振動になり、放射エネルギーが自然界のものになるから起こる現象です。

自然界では普通に起こり得ることです。一度破壊されれば、次はそれを防ごうとします。活性酸素は酸素と物質から結合することで破壊行為に入りますが、自然現象では融合を阻止して活性酸素を無にします

それによって、分子単位でも害がなくなりやすくなるのです。つまり、建築資材に生体エネルギー水を入れることで自然界で起こっている活性酸素を無にする状態を「ペットの気持ち住宅」の建物内で起こるように試みました。結果的にこれは大成功でした。ホコリ・カビ・匂いを分解し、不快な状況が起こらなくなるのです。

5　ペットを愛するからこそ、彼らを本気で可愛いがる人にしか販売したくない

ペットを手放す人々

巷で言われる「犬の殺処分ゼロ！」、この言葉を僕も強く伝えたいです。ペットを可愛がる人は世の中にたくさんいます。どんなに動物を愛しているか、飼い主さんのお話を聞けばよくわかります。犬や猫、うさぎや小動物、そして人間はすべて同じです。生きとし生けるものなのです。

そんな中、ペットを虐待したり、飼ったものの簡単に手放す人も残念ながら存在します。その数

は2016年度の各都道府県・政令市・中核市の殺処分数合計を見ると、実に5万6000匹にも及びます。

虐待の種類は多岐に及びます。大きくは、身体的な暴力や必要以上に首輪やリードを締める行為などの能動的なものと、餌を与えない、手入れをしない、不衛生な環境のまま放置するといったネグレクトの2つに分かれます。薄汚れて傷ついたペットたちを考えると、手放す方がまだましに思えますが、そうも言っていられません。飼えなくなったペットたちが連れて行かれる保健所も、里親探しには限界があります。かなしい選択を迫られることも多くあるのです。

このような痛ましいニュースを聞くたび、私は悲痛な思いになるのですが、ペットたちを手放す方々にはそれなりの事情もあるでしょう。「ペットアレルギー」、「引っ越し」、「アレルギー」その他の理由もあるかと思いますが、大半は人間の身勝手な都合によるものです。「引っ越し先に連れていくのが難しい」、「世話が面倒になった」、「避妊手術をせずに仔犬・仔猫を産ませてしまった」、「可愛くなくなった」、「飽きてしまった」などといった理由で捨てられてしまう、殺処分されてしまう犬・猫たち……。飼えなくなったなら、どうして次の里親を探す努力をしないのでしょう。

動物達の命も人間と同じように大切な命なのです。犬も猫も哺乳類の中では、高度な知能を持っています。感情もあります。自分たちが愛していた飼い主から突然、放棄されたらどんな悲しい思いになるでしょう。だから、私はどういう事情があるにせよ、そんな人たちが許せないし、弊社としても商品を販売しませんし、したくありません。

うさぎの介護飼育

我が家の例で言えば、嫁さんはうさぎのクロエを溺愛しています。うさぎのクロエは1歳になったばかりのときに庭で遊んでいたときに不幸にも何かにビックリして飛び上がり、それが原因で背骨を強打して、動けなくなりました。すぐに行きつけの病院に連れて行ったのですが、獣医師から「今夜が山だ」と言われました。外出先で私の話を一部始終聞いていた嫁さんは帰ってくるなり泣き崩れて収まりがつかないほどでした。

その夜からしばらく動けないクロエの側で寄り添い、寝ずの看病をしました。見ていて痛々しいほどでした。結果的に命は救われたものの下半身不随になり、排便はできるものの、排尿は自分でできないので、お腹を押して出して上げないといけない介護が必要となってしまいました。それでも、今では前足で移動して、元気にご飯を食べて生きています。

あのとき何で……と後悔してもクロエの下半身が治ることはありませんが、健常なうさぎと変わらずかわいがって育てていきます。その後、ペットショップで出会ったメインクーンのディーバが我が家にやってきて、色々な笑いを提供してくれています。

朝一番にゲージから出して二度寝をすると、ゴロゴロと喉を鳴らしながら近寄ってきます。匂いを嗅ぎながら顔を踏まれたりするけど、嫌じゃない自分がいます。いろいろいたずらするかと思えば、トイレやお風呂で私が出てくるのを心待ちにする姿が可愛くてたまらないのです。こうして我が家に笑いや悲しみを持ち込んでくれる彼らを私は家族としてずっと、「終世飼育」で歩んでいきます。

6　大地震でも倒壊しなかった地震災害に強い基礎

地盤調査

日本は地震大国です。改めて言うまでもないことですが。まずは地盤調査について義務かどうかということをご説明します。専門的な話になりますが、知識として持っていただくためにお読みください。

設計施工基準において、例外を除いて地盤調査は原則として行わなければいけません。必要なのに地盤調査を行わなかった場合は、瑕疵担保保険に加入することができないのです。地盤調査とはその土地の上に建物を建設できるかどうかを判断するために、地盤の強度を測定することです。調査は地盤の一部にロッドを打ち込んだり、ねじりながら掘り進めたりして行われます。

そのときに必要とした力をもとに地中の構造を把握したものから調査結果によって地盤改良が必要かどうかを判断します。

地盤の改良

工法としては基礎地盤の改良工法には、置換工法、浅層混合処理、深層混合処理工法、載荷工法、脱水工法、締固め工法、杭工法が一般的となりますが、地盤調査では、その土地が家の重さに耐えられるものかを調査します。

家はかなりの重さがあるので、軟弱な地盤に建てると沈下してしまう恐れがあるのです。一度傾いてしまうと復旧するのにとてつもない費用がかかるだけでなく、住めなくなってしまう可能性あります。特に新しい分譲地などで家を検討されている方は注意が必要です。

建物の重量と同等の土を取り除いた後にスーパージオ材を敷き詰めて地盤を軽量化します。建物を支える力を保つ置換工法となります。

※地盤の強度によって取り除く量は変わります。直下地盤の圧密沈下を軽減化し、地震時に、SG内に間隙水を取入れることで、水圧による噴砂を防いで、液状化時に安定化させる効果があるのです。

結果、「地震対策ができる地面と家が緩衝材の働きをして、激しい地震の揺れを優しい揺れに変える」、「液状化対策ができる」、「地震の際、スーパージオ材の中に水のみを一時的に取り入れて噴出を防止」。そして地震が収まり、土は安定状態に戻ろうと働くため、スーパージオ材内の水は土中に戻り、通常状態で安定します。液状化が起きたときも地盤の安定性を保ちます。

どんな土地にも設置できる他の地盤補強工法では「軟弱地盤」の地震対策は困難でしたが、スーパージオ工法なら、軽いスーパージオなら手作業で設置可能になるのです。ほかの地盤補強にはない、最大1億円保証で10年の免震保証付きなので安心です。

7　エアコンいらずの真夏日

ご自宅に入ったとたんにヒンヤリ

ある夏の日のことです。弊社の関連会社のお客様の元へお願いして、業者見学会を開催しました。8月初旬で暑さ厳しく、歩くだけで汗が出るほどでした。そんな真夏日に見学会とは迷惑な話ですが、無理を言ってお時間をいただきました。人数は総勢10名。お客様を入れるとご主人・奥様・おばあちゃんまで入れると13名の大所帯です。

その人数でお伺いしたご自宅に入ったとたんにヒンヤリとした空気が流れ、「エアコンがよく効いているな～」と一瞬、思いましたが、エアコンの涼しさとは明らかに違う涼しさが漂っているのです。

不思議に思って、お訊ねすると「エアコンは一切、つけていません」と言われ、やはり天然漆喰を使用した自然派住宅は涼しいなと改めて感じたものです。さらに驚くべきことは、エアコンは年に一度つけるかつけないかくらいだというのです。

その後も家中をご案内いただき、リビングでお茶を振る舞われましたが、我々が帰るまでとうとうエアコンのスイッチを押すことなく、見学会を終えました。確かに我が家でもエアコンをつけるときは年に数回あるかどうかなので、当たり前と言えば当たり前ですが、こうしてお客様のところへお伺いしても天然漆喰を使用した自然派住宅が実践されているのは嬉しいです。

弊社のお客様は自然を好む方が多いですし、女性はエアコンが苦手な方も多いので、喜ばれる理由の1つです。エアコンをつけないことへの利点は電気代の抑制という利点もありますが、健康という観点からみてもよいことです。病気の原因は冷えすぎによるものも多いのです。近代社会の利便性より自然がもたらすエネルギーの方がはるかに健康的ではありませんか。

8　10年で劣化する現代建築と解決方法

劣化箇所と対策

現代建築はつくるのも簡単ですが、壊れるのも早いのです。ここに劣化する箇所と対策を記載します。ご参考までにお読みください。

●「ビニールクロスの劣化・汚れ」…5年程度で汚れが目立つようになります。
状　態：ビニールクロスは建物の歪みによる劣化や経年劣化、タバコのヤニや生活色の付着。
解決方法：天然漆喰を施工すると汚れもありません。ひび割れが入っても部分補修でOK。

●「外壁の汚れやコケやカビなどの付着」　5年〜10年で付着
状　態：酸性雨等の影響や立地による差異はあるものの、コケや汚れが目立つようになります。
解決方法：「セレクトリフレックス」は、塗るだけで外壁面に当たる太陽熱を反射し、表面温度を約70％も低減し、健康に配慮したホウ酸による防カビ、防藻処理。

●「サイディング外壁の目地の縮みや劣化」　寿命は3～5年

状　　態：外壁仕上げ材は反射性に乏しく、太陽の熱をほとんど吸収。

解決方法：アクリルベース（純度１００％）ですので、接着性も高く耐候性にも優れています。白亜化しないルチル酸化チタンだけを使用し、有効性の高い防カビ材を配合してあるので過酷な気象条件の下でもクリーンな壁面と美しい色を保持します。

●「屋根塗装の痛み」カラーベスト　7年～10年で劣化

状　　態：かなり使われている屋根材。劣化すると表面の割れ・反り・腐食・釘の浮きが起こる。

解決方法：粘土系瓦・ガルバニウム・アルミニウム遮熱シートを使用することで20年～30年の耐用年数となります。

●「サッシのシーリング部分の劣化」　新築から一番初めに痛む部分

状　　態：シーリングは、サイディングと同じように、太陽光や雨風を受けて劣化。

解決方法：継ぎ目等が必要となるサイディングを使用しない。白亜化しないルチル酸化チタンを使用。塗り壁が有効。

●「水まわりの床下地の腐食」

状　　態：湿気がこもることで起こる現象。

解決方法：湿気を調質する天然漆喰を壁面に施せば、床も下地も影響を受けることはない。

「シロアリの被害」５年～10年で再施工が必要。

9　社団法人・獣医師会にも認定

第三者に検証してもらう

業界改革は広く言えば建築業界、セグメントすると健康住宅業界になります。我々は建築業界の中でも小さい規模なので、現代建築の問題について声を大にして訴えても、なかなか伝わりません。自社のＨＰ（ホームページ）で一生懸命に表現していますが、これがかえって逆効果になるケースもあるのです。

なぜなら、表現すればするほど「建築業界の言っていることは嘘」だと否定してしまわざるを得ないからです。したがって、我々がいくら現代建築の問題点を伝えたところで、集団行動を取る方々には響かないのです。

我々が訴える方法は、ＨＰだけではダメだと悟りました。そこで我々が言っていることが正しいと証明できるよう、ある社団法人に第三者として検証をしていただくことにしました。

団体のコンセプトとして、「すべての人やペットが幸せに暮らせる社会」という心を大切になさり、「被災者とペットの支援金」、「ペットと暮らせる住宅支援」、「飼い主さん支援」等々の活動をされています。ペットに関する様々な関連活動をすると同時に獣医師会とも連携されています。

弊社が「ペットの気持ち住宅」で目指すペットの健康と長寿をアナウンスしていくにあたり、これほど中立的に且つ、客観的にジャッジしていただける団体はありません。

「ペットの気持ち住宅」の検証

「ペットの気持ち住宅」が本当にペットの健康や長寿に反映するのかを徹底検証いただきました。その結果、今回は獣医師の立場から見ても、間違いなくペットだけでなく、人にも健康に配慮した住宅だというお墨付きをいただいたのです。弊社がやっていることは間違いなかったと嬉しくなったのは言うまでもありません。同時に、弊社のビジョンをより向上させると同時に、社会にも広く我々の業務内容を伝えていこうと思うようになりました。それは単なる自社の宣伝ではなく、「人にとってもペットにとっても健康で幸せな長寿」を願うからにほかなりません。

今後はこの事実を書籍やメディアで露出させていただき、1人でも多くのペット愛好者の方がでも長く一緒に暮らせる住宅・リフォームを提供していきたいと思っています。

10　情報弱者は結局、損をする

情報過多の時代

メディアが普及している今日、現代社会は情報で溢れています。テレビをはじめ、新聞やネット、または会社や友人関係やご近所さんの噂話も含めれば情報がたくさんあります。

しかしながら、残念なことにそれらのすべてが真実ではないのも現状です。政治的なものも芸能界も発言した人の言葉を上手く切り取って、人が興味を持ちやすいようにしたり、都合の良い部分だけを発信したりすることは、皆さんもご存じだと思います。

先に上げたコンビニでも建築業界でも同じです。日本人の特徴でもあるのですが、あれだけ宣伝しているのだから悪いわけがない！　と信じ込んでしまい、大して調べることもなく、イメージだけで購入してしまう。これこそが危険なのです。私たちが子どもの頃は情報がテレビや新聞しかなかったので、その影響力ははかりしれず、力を持った企業が都合のよい形で宣伝することができました。

エビデンスがしっかりできている業者を選ぶ

しかし、今はインターネットで様々な発信がなされているので、一般の方々も事実を検証できる時代になったのです。とはいえ、インターネットも嘘の情報が多いので１００％信頼できるとは言えません。だから、自分たちでテレビ・新聞・インターネットの情報収集をはじめ、知り合いに聞くなどして自分なりに情報を集めて総合的に判断しないといかなければなりません。それができない場合は第三者機関（エビデンス）がしっかりとできている企業を選び、間違いのない物件を購入するのが正しいでしょう。

我々もこれまでに多くの情報発信をしてきました。経済新聞にも7回ほど掲載されて、ＮＨＫの

「所さんの番組」にも出演。そして、ＴＢＳ系列で30分の特集番組や夕方のニュースには５回以上取り上げていただいています。

以上の事柄はメディアに対して弊社がスポンサーとしてお金を出しているわけではありません。すべて先方からお声をかけていただいたのです。我々のような中小企業がこうしてメディアに取り上げてられるのがどれだけ大変かは、同じ中小企業の方ならおわかりいただけるはずです。また、獣医師会や社団法人さんのご協力をいただけるのはその事業が正しく、本物でなければありえません。我々のコンセプトももちろんですが、そうした背景もご理解いただいたうえで検証してもらえればと思います。

ペットや人間にとって、本当の健康とはなにか、また本当に必要な環境とはなにかを追及してご提供させていただくことが建築業者としての責務であると考えます。そのために各団体の先生方にご意見を頂戴してなにがよいかを徹底して考えます。

誤解のないよう書いておきますが、以上は自慢話をしているのではありません。自社の宣伝をしているわけでもありません。長年、建築業界に携わってきて、この私自身が現代建築の問題を薄々、知りながらも物件を販売していたことのお客様への心からの反省の気持ちと、それを何としてでも読者の皆さんにお伝えしたい、「現実の問題点となにが正しく、望ましいか」を知っていただきたいのです。テーマは人とペットの健康と幸せな長寿。それをこのような形で広く世間に伝えていくことも我々の使命だと考えています。

第7章　人にもペットにも優しい住宅

1　あらゆる害虫が寄ってこなくなるのはなぜ

害虫の多い住宅環境

害虫は環境が悪いところに寄ってきます。わかりやすいのは水を放置しておくと汚れて、そこにボウフラが湧いて蚊になります。ゴキブリも生ゴミが好きでいつの間にか家に入ってきて、人々をビックリさせます。

その他、ダニ・ノミ・クモ・ハエ・シロアリ・アリ・ネズミまで家の中に住みこむ害虫は多くいます。原因としては室内環境が考えられます。

「湿度が高い」「温度が高い」「餌が豊富にある」からですね。今までも話してきましたが、それらを解決することができれば害虫は寄ってこないと言えるのです。

湿度が高い

１つ目の「湿度が高い」理由は現代建築のビニールクロスが湿気を溜め込んでしまうから。この状態を例えると前日の夕食の余り物を温めてレンジでチンするとき、サランラップをしますよね。ラップには水滴がたくさんついています。保温されているということです。まさに家全体がこの状態になってしまっているのです。食べ物なら美味しそうですが、建物なら湿気の逃げ場がなく、器の中（建物の中）は湿気だらけなのです。

温度が高い

次に「温度が高い」というのは、ダニは27度～30度くらいが好みと言われており、部屋全体というより育つ場所がその温度であると問題だということ。その代表的な場所がホットカーペットや布団なのです。

温度や湿度も問題は先にご説明した天然漆喰がすべて解決してくれます。湿気が多ければ吸い、少なければ吐くという調湿効果のある漆喰。またはダニや害虫が生きられない強アルカリ性の天然漆喰を施せばあらゆる害虫は家中からいなくなり、ペットも人も快適な暮らしをすることができるようになります。

餌が豊富にある

最後の「餌が豊富にある」ことについて。

家は害虫の好むものだらけです。

例えば、アレルギーを起こしやすいチリダニ（ヒョウダニ）。ツメダニの餌にもなると言われているので、最初に対処しなくてはなりません。チリダニはホコリや人の皮脂、垢、フケといったたんぱく質を食べて生きています。寝具やじゅうたんを好み、増殖していきます。

またこれを餌とするツメダニはもう少し体が大きく、積極的にではないにしても人の血を吸うこともあるのだとか。つまりチリダニをしっかり対策しておかなければ、やっかいなダニまで読んでしまうことになるのです。

天然漆喰はホコリが立たないようにしますが、ホコリをなくすことまではできませんので、マメな掃除は健康上必要と言えるでしょう。

いずれにしても新築・リフォームの選択だけで害虫がいない環境をつくり出せるようになります。

最近元気になったわね
……
パパとママがいっぱい勉強したから
君たちも楽しそうで良かった
僕もみんなが笑って嬉しいな
えっ！
僕らにとっても飼い主が笑ってるのが一番の薬
僕らのことを考えてくれたってだけで幸せだし
これから一緒に幸せになろうな
うん！

2　86歳のおばあちゃんの血圧が下がり、アトピーも引っ越しただけでおさまった

アトピーの原因

A様のお宅が建て替えを決めたのは2015年のことでした。以前住んでいたのは築41年の典型的な日本家屋でした。A様は会社勤めのときに経理をされていたこともあり、データを重視される方です。

そのため、色々なハウジングセンターを周り、大手のメーカーがよいか工務店がよいかをエクセルでデータ化し、価格・素材・耐用年数・構造・企業スタンスと徹底分析されていたのです。新築をするには初期投資の部分だけではなく、ランニングコストも重要な判断材料です。

初期で安くてもランニングで高ければ意味はないので、その辺りも各営業マンに徹底的に調べさせたところ、弊社ともう1社が残りました。結果としては弊社にご契約をいただいたのですが、検討した中で大手メーカーが一社も残らなかったのには驚きでした。

その適切な判断とデータ力にほれこんで弊社に迎えたいほどです（笑）。

仮住まいであるアパートに引っ越しをし、以前住んでた家屋も解体して新築が始まったころにお施主様にある異変が……そう、娘さんがそれまで全く縁のなかったアトピーになってしまったので

す。続いて、おばあちゃんが原因不明の高血圧で病院に入院することに。原因を調べてみるとアパートの防腐剤や接着剤が原因のシックハウス症候群でした。

原因がわかったとは言え、建築期間の間に引っ越しをするわけにもいかず、ひたすら我慢して過ごし、その状況をお聞きした弊社も工事を急いで仕上げ、6か月後に新築への引っ越しを完了しました。

正直、弊社の物件でも病状が出たらどうしようとドキドキしてましたが、杞憂に終わりました。新居へ引っ越しただけで娘さんもおばあちゃんも健康を取り戻したのです。

3　病院や学校が天然漆喰を施工する理由

天然漆喰はあらゆる菌を死滅させる

病院はインフルエンザやあらゆる菌が蔓延しやすい環境です。

私たちも病院に行くときは風邪などではなくても、感染するんじゃないかとマスクで予防します。このような行動は私だけではないと思いますが、それらを解決する方法があるとしたらと病院の先生にご提案したのが天然漆喰です。

天然漆喰はあらゆる菌を死滅させるとご説明しましたが、病院の待合室や診療室、病室に漆喰を塗ったら感染しない環境ができるのです。天然漆喰を塗ると病気で治療に来られる患者さんも新たに感染しないという安心感があります。

そして、医師や看護師の方々も患者さんから感染しないので、職場としても安心して働ける環境が出来上がり、離職率が下がります。それが他医院との差別化にもなるのです。

それが定着することで患者さんには「あそこの病院は安心できる」「あそこの病院は安全だ」という噂が広まり、結果として患者利益となりますので、安心して通える病院だということで患者さんが増えて儲かる病院として、生まれ変わったのです。

毎年インフルエンザの時期になりますと、子どもたちの感染が広がり「学級閉鎖」になったとニュースで放送されますが、神奈川県のとある私立小学校は教室に天然漆喰を施したところ、インフルエンザに感染することが極端に少なくなり、学級閉鎖もなくなったとのことです。

他の事例では焼肉屋さんの壁に天然漆喰を施すことで焼肉の油を分解するので、壁に油が付着することなく清潔に保たれます。またキッチンの掃除も油を分解してくれるので掃除がいつもの半分の時間になったとのことです。

喫煙室・温泉施設・エステサロン・ラーメン屋さん等も油や嫌な匂いをすべて分解してくれるのでお客様の満足度が高まったと聞いています。

インフルエンザを死滅させ、油やタバコなどの嫌な臭いも分解することでお客様にとっての安全。安心を担保できて、なおかつ従業者の健康も担保できる。それらは施設や働く人の満足度を高める重要な要素となると思います。

4　ペットのアトピーも改善し、ペット臭も完全消臭

天然漆喰の効果

ペットアレルギーは環境だけではありません。食事と住環境の両方で対応しなければ治りません。しかし、我々は住宅メーカーであるので、色のほうは個人的な感想を述べるのみとさせていただきまして、もう1つの原因である住環境について語りたいと思います。天然漆喰はペットの健康に貢献し、長寿にしてくれる建材の1つだと説明しました。

ダニ・ノミを生息させないようにしてくれるだけでなく、強力な消臭力で匂いを完全分解してくれます。うちもそうですが、うさぎは草が主食なので匂いはほとんどありません。

猫ちゃんはペットフードを食べます。ペットフードは肉をベースにつくられていますので、当然、トイレの臭いは人間並みに臭いです。トイレ用の流せる砂を使用しているのですが、檜の香りを使用してもその効果はほとんどありません。

また、アロマやお部屋の消臭剤を使用しても効果はありません。しかし、天然漆喰なら完全に消臭してくれます。人間で例えると、大便をしたときに消臭剤も何も使用しなければなかなか臭いが取れないと思います。でも、天然漆喰ならほんの一瞬で消臭してくれます。時間にすると5秒程度です。

アトピーも改善し、嫌な臭い（飼い主は思いませんが）も完全消臭してくれる環境でペットと共生しましょう。今後は公団住宅に空室対策として「アトピー対策マンション」「ペット対策マンション」として、ご提案していく予定があります。

空室に悩んでいる大家さんや公団の悩みをペットの気持ちリフォームで解決することができるのではないか、と提携の話を進めています。賃貸専門の不動産会社の方や空室でお悩みの大家さんがいらっしゃいましたら一度ご相談ください。

5　キッチン油汚れもゼロ、部屋のホコリもゼロで掃除いらず

やっかいな油汚れも天然漆喰があれば随分ラク

油汚れは掃除が大変ですよね。キッチン周りの油汚れは普段からきちんとされている方でも年末には必ず大掃除をします。レンジ周り・グリル・キッチン台・シンク周り・換気扇と料理を毎日、きちんとされる方には悩みの種です。

よく料理はするけれど、片づけが憂鬱と言われる方がいますが、汚れがなかなか落ちないことも原因ではないのでしょうか？

我が家の話をいたしますと、嫁さんは料理が得意なので、バランスのよい食事をつくってくれます。毎日美味しくいただいています。

しかし、感謝の気持ちから家事分担で洗い物は私の担当です。そのため、世の奥様方の苦労はよくわかるつもりです。時間が経過したときの茶碗の汚れが取れないことや、大皿の洗いにくさ。そして、油料理をした後のべたつきにはさすがにめげます。フライパンだけならよいですが、グリル等があった日には気分はブルー……おまけにシンク周りもやらないといけないので最悪です（ちなみにうちの嫁さんが洗い物が嫌いなわけではないことを念のためお伝えします）。

これだけやっかいな油料理も天然漆喰があれば洗い物が随分と楽になります。油はタンパク質なので、漆喰が分解してくれるのです。したがって、換気扇は掃除しなくても全く問題ありません。コンロ周りのタイル壁面も綺麗なままです。お部屋の掃除もホコリが立ちませんので、掃除が楽々です。静電気を帯びることもなく、テレビ・冷蔵庫・タンスの背面壁が黒ずみにくくなるのです。

弊社のあるお客様は新築から5年が経過してもキッチンの汚れが全くありません。まるで料理をしていないかのような状態です。定期的に見学会を計画するのですが、家に入ってヒンヤリとした室内に驚き、汚れが付着していない室内に感心し、キッチンを見て驚くのです。このような効果は天然漆喰でしか体験できません。

環境大国ドイツの医学者は、大気中のプラス静電気が強くなると人間の体に悪い影響を及ぼすと言っています。

逆にマイナスの静電気が強くなると健康で快適な状態になるのです。室内環境をマイナスの静電気優位にしてくれる漆喰は室内の安全な建材としてドイツでも多くの方に利用されています。

6　ペットを飼う人を幸せにするセミナー

興味のある方がお聞きになればいい

弊社では定期的にセミナーを開催しています。ペットを家族としている方々へどのような住環境がよいのか知っていただくためです。「動物の本来ある環境とは」「現代建築がもたらす健康被害とは」「最適な住環境とは」。このようなテーマの講演を全国各地で開催し、多くの方にご理解いただけるよう活動しています。

セミナーの中には獣医師の先生やペットフードメーカーの方に登壇していただいたり、社団法人の活動を知っていただいたり、または保健所の方々に現状をご説明いただいたりと全方位で飼い主の方に広くペットと暮らす知識を身に着けていただく機会になればと思います。また、セミナーには風水を取り入れています。私も風水は宗教チックで嫌だなと最初はお断りしていたのです。しかし、風水の先生は私にこう提案してきたのです。

「風水は数字でエネルギー計算だ」と。日本でも古くから「平城京」「平安京」「日光東照宮」「甲子園球場」「相撲の土俵」「皇居」「首相官邸」等が風水を取り入れて、エネルギーを取り入れているといわれます。

風水は住宅のエネルギー計算をし、よいエネルギーが内側に入るように取り入れていきます。勘違いしないでいただきたいのですが、風水を強要するわけではありません。信じるも信じないも自分次第ですから、聞きたくなければそのセミナーは外していただければよいですし、自分の建物に取り入れたくなければ取り入れなくて構いません。

興味のある方がお聞きいただければ、それでよいのです。

決して部屋の中を何を飾りなさいとか、何かを購入しなさいとかの備品を売るようなことはしません。あくまで建物に関する立地とエネルギー計算に基づいて、お施主様とご相談しながら進めていきますのでご安心ください。

7　NHK始め、民放でも特集される内容とは

人やペットの健康被害と向き合う

お陰様で弊社は何度もメディアや新聞に取り上げていただいています。2000年に創業したのですが、2008年ごろから中部経済新聞に取り上げていただき、他の経済新聞を含めて8回ほど掲載いただいています。

「中部経済新聞」「日刊工業新聞」「リフォーム産業新聞」「賃貸住宅新聞」と、時には一面を含む掲載をしていただきました。そのときの内容は光触媒を内装に取り入れて、タバコのヤニを吸収分解するというもので、提携先がWBS（ワールドビジネスサテライト）のトレたまにて放送されま

した。その後、弊社のグループ企業でＴＢＳ系列の「花咲かタイムズ」で30分の特集番組を組んでいただき、テレビ東京系列では15時から生放送で中継いただく機会もありました。

その他、「日本テレビ系列の夕方のニュース」「ＴＢＳ系列夕方のニュース」「テレビ東京系列の夕方のニュース」と立て続けに放送いただきました。

さらに２０１８年では１月22日にＴＢＳ系列で30分の「我が家の解体ショー」という特集番組を放送していただき、２月１日にはＮＨＫの全国放送の「所さん大変ですよ」にも出演させていただいたのです。現状も「たけしのニホンノミカタ」「ミヤネ屋」さんにも打診いただいています。

なぜ、弊社がそれほどまでにメディアに取り上げていただけるのか？

それは社会問題に真摯に向き合い、サービスとしてご提供させていただいているからです。ここでいう社会性とは現代の建物が生み出す「ペットの健康被害」「人の健康被害」です。それらの悪を我々は見逃すことができず、今もなお商品開発を続けています。

「ペットにとって、なにが最適か」「飼い主にとってなにが最善か」を弊社が従事する建築業界の中でご提供できるように、今後も商品開発をしてまいります。

そのためには知っていただくこと、体験していただくことも重要だと感じていますので、早急に名古屋市内にてモデルルールを建設予定ですのでぜひお越しください。

今後に関しても著作の発売を機にメディアの露出もさせていただけると思いますので、ご機会ございましたら、セミナーも含めてご覧いただければ幸いです。

8　自己資金ゼロで月々5万円〜のリノベーション込みの中古住宅

知らないと損をする

現状で賃貸マンション・アパートにお住まいの方にご提案です。賃貸マンション・アパートでは自分の持ち物ではないために子どもや自分がアトピーでも天然漆喰を塗るわけにはいかず、よいのはわかったけど対応できないという方がいらっしゃいます。

ペットを飼われている方も同様で賃貸マンション・アパートでペットを飼ってるけど、健康被害が酷い。または臭いが凄くて消臭剤が追いつかない等の悩みがあります。「介護の方」「タバコを吸われるお宅」「人が多く出入りされるお宅」「自宅で習い事」を開催されている方も賃貸では思うような活動ができません。

年収が低くて、マンションなんて購入できないという方もいらっしゃるかと思いますが、我々が悩みを解決するプランを考えました。その名も「ワンストップマンション」です。

新築を購入できる方もいらっしゃるでしょうが、新築と中古の違いは1000万円以上、中古のほうがお得だということです。これは単純に新築よりも安価で購入できるということなのです。

しかも、中身は新品で「ペットの気持ち住宅」「健康住宅」どちらの使用でも同じです。中古マンション購入の失敗例として、中古マンションを先に購入して、買ってからリノベーションをするパターーンとすでにリノベーション済みの中古マンションを購入するパターンです。前者に関しては中古マンションを購入してからリノベーションするとリフォーム金利が異常に高くなってしまいます。

中古マンションとリノベーションを一緒のローンにすると、２０００万円の物件を購入し１０００万円のリノベーションをした場合、費用が１５４，２００円なのに対し、リノベーションを住宅ローンに組み込むと７９，０００円です。別々にローンを組むほうが月額で７５，２００円ほど余分に支払いが生じるのです。知らないと損をするとはこのことです。

賢く買うには中古マンションとリノベーションを同時にローンを組むことでお得に購入することをオススメします。

9　家具付きマンションが自己資金0円で購入可能

金利の安い今がお買い得

先の章で、中古マンションとリノベーションは同時にローンを組むほうが月額で７５，２００円もお得に購入できるとお話しました。これに家具も諸費用も住宅ローンに組み込めば家具付きマンションが自己資金０円で購入できるのです。

さらにこちらが勝手に選ぶのではなく、お客様に選択権があります。

中古マンションというものはもちろん、新築よりは外観は劣化しています。しかし、新築物件より良い立地に立っていることも多く、間取りも自由にできて、自分好みの家がつくれるのです。繰り返すと提携セットローンならリノベーション費用を込みで家具のローンも諸費用も含めて住宅ローンで購入することができるのでおトクなのです。

物件探しからはじめると加重ローンになってしまい、月額費用や総額も高くなります。ですから、「ワンストップサービス」で物件探しから弊社にお任せいただき、設計からデザイン、家具選びに引き渡しまで責任を持ってご提案します。

流れをまとめると「資金計画」「不動産購入」「設計」「リノベーション」「インテリア」「ご入居」ローンを一括することで安くお得に購入できる。しかも、女性の単身者でも購入できる物件を弊社にお任せいただければ「ペットの気持ちリノベーション」「健康リノベーション」でご提供いたします。

金利の話に戻すと金利が1％違うと3000万円を借り入れた場合（35年返済）トータルで595万円もの差額で毎月は14，000円、毎年は17万円も余分に支払うことになります。だから、金利の安い今はお買い得だと言えますので参考にしてください。

10　まるで森林浴にいるような室内空間

予防住宅でメーカーを選ぶ

森林浴がどういう感覚かというと、マイナスイオンのシャワーを浴びている状態です。漆喰は、空気中の二酸化炭素を吸収します。主成分である消石灰が室内の二酸化炭素を吸収し、炭酸化カルシウムに戻ります。

消石灰は短期間に一気に炭酸化されるのではなく、時間をかけて徐々に炭酸化します。建材としては風化しないということです。漆喰成分の炭酸カルシウムは静電気を起こさないのでほこり等が付きにくく、汚れずに保てるのです。漆喰は、ｐＨ１２・５という強アルカリ性です。この環境ではカビやウイルスなどが生息できません。

殺菌機能があり、細菌の生育・増殖を抑え、カビやダニの発生を抑制します。漆喰は優れた吸湿・放湿性があり、部屋の湿度を適度に調節することで結露を防止します。湿度の高い夏は湿気を吸い込み、乾燥した冬には湿気を放出し、室内環境を常に良い状態にします。汚れは消しゴムで落とすか、サンドペーパー・カッターナイフで簡単に落ちます。

また、クラック（ひび割れ）等は予備の漆喰を差し上げるので、それを簡単に練ってひび割れたところを指やヘラで入れていただければ補修可能です。はじめは目立ちますが、１週間もすればどこを塗ったかわからないほどになりますのでご安心ください。

このように生物に害を与えない住環境にすることで、ペットや人が健康になり、いつでも一緒にいられる。また、アレルギー体質の方も改善する住宅を選ぶことで健康で暮らせるのです。

そのことがどれだけ重要かは病気をしてはじめて理解できるのですが、病気になってからでは遅いので「予防住宅」という考え方で住宅メーカーを選ばれることが大事です。

平成15年に政府が改正した建築基準法に関しては消費者にとっては大変喜ばしいことではありますが、私はそれまで放置していた事実のほうが問題だと考えています。何も弊社だけが正義だとは考えていません。弊社も知識不足のときには何の疑いもせずに建材メーカーの建材を使用し、提供してきた現実がありますので、そういう意味では罪は同じです。

しかし、それらの事実に気づいたことが重要だと考えています。知った後にも堂々と提供し続けるのか、それとも改善するのかの選択が大事だと思います、政府もそれに気づいていただいて、建築基準法を改訂していただき、健康被害の少ない建材を輸入も含めて規制いただいたことは事実です。

そして、家具にもそれは適用され、健康被害が及ぶ接着剤が禁止となりました。しかし、大量生産の家具はいまだに新品を買うと強い接着剤の匂いがして頭が痛くなることがあります。その事実を踏まえるとはたして政府が禁止した接着剤を使用してないのかと思ってしまいます。もし、使用しているメーカーがあるとすれば今すぐ改善していただきたいと強く願います。

また、使用していないとはいえビニールクロスはビニールが部屋中に貼ってあれば結露を起こすのは当たり前の現象ですから、呼吸をする漆喰に機能性で勝てることがないことは改めてお伝えします。

日本中のメーカーがこのような考え方で改善すればどれだけ嬉しいことかと思います。

本書がきっかけで業界や皆様の環境が変わることを祈ります。

おわりに　「すべての住宅を害がない健康な環境にしていきたい」

今までもお話させていただいたように平成15年に政府が消費者の声に応えていただいて建築基準法の改正をして、有機リン系の殺虫剤であるクロルピリホスを添加した建材の使用を禁止したり、ホルムアルデヒドを発散する恐れのある建材の使用を制限をしたり、既存のシロアリ施工に対する対策を取っていただきました。規制される前までは「国民生活センター」に消費者被害が多数上げられているほど、目を疑う現状でした。

逆に言えば平成15年以前に建てられた建物に対する改善は一切されていないということになります。24時間換気も平成15年以前の建物には付けられていないことがほとんどです、つまり、ホルムアルデヒドやクロルピリポス・シロアリ殺虫剤の被害が今もある可能性を否定できません。その方たちが安心して暮らせる住環境を提供出来るのが建築業者です。しかし、現実には現段階でもいわゆる一部のローコスト業者は完了検査を自社で行っています。弊社を含む外部に委託する業者ではとても審査が下りない完了検査がまかり通っているのが現実です。その一部の業者の下請け大工が「この家は絶対に買わない」と言うくらいの家が新築として売られているのが現実です。

このように1つの闇が消えても別の闇が存在するのが世の中の常と理解し、品質と業者の選択を間違えないようにしてください。

井上　辰男

著者略歴

井上　辰男（いのうえ　たつお）

1964年愛知県生まれ。近畿大学 法学部卒業。現在、㈱エグゼスタイル　代表取締役社長。㈱エイブルに入社2年で支店長に就任し、3年目で362支店中、東海地区での全国No.1を支店長として売り上げる。東海地区では常にトップの成績で独自の集客方法を確立し、全国から見本にされ、その後エリアマネージャーとして名古屋西地区を統括。その後、ヘッドハント会社にオファーをいただき、東建コーポレーションに転職。常務直轄として、主に全国へ売上改善の指導をする。2000年にリフォーム会社エグゼスタイルとして独立し、賃貸マンションの内装リフォームを手掛ける。賃貸マンションの内装リフォームは最低基準のものを使用しているために、工事完成後に確認に行くと頭が痛くなるので、工事の内容や材料について徹底的に調べたところ、シックハウスの原因であるビニールクロスや合板、そして、接着剤が原因と知り、自身の行っている事業に自信をなくしてしまう。そこで、現代日本建築における負の部分を徹底的に調べ上げ、なにが利用者にとって良いのか、なにが日本建築の問題なのかを日々検証。安い粗悪品ではなく、住む人にとって本当に良いものだけを使用する建築会社として、漆喰・無垢材・天然ノリ・ホウ酸を使用し、人にもペットにも良い住宅会社を目指す。

メディアの実績：「解体事業」、「エクステリア事業」、「健康住宅事業」と事業展開し、メディアではＮＨＫの「所さんたいへんですよ」、ＣＢＣ「我が家の解体ショー」30分特集番組、テレビ東京の夕方のニュースを始め、数々の特集番組に取り上げられ、メーテレ・産経・毎日・朝日・読売・プレジデント・東洋経済各紙に健康住宅事業が取り上げられる。現在年商10億円。

獣医師が認めた「ペットの気持ち住宅」
ー早死にさせたくないからリフォームした

2019年5月7日 初版発行　　2019年6月20日 第2刷発行

著　者　井上　辰男　©Tatsuo Inoue

発行人　森　忠順

発行所　株式会社 セルバ出版
〒113-0034
東京都文京区湯島1丁目12番6号 高関ビル5B
☎03（5812）1178　FAX 03（5812）1188
https://seluba.co.jp/

発　売　株式会社 創英社／三省堂書店
〒101-0051
東京都千代田区神田神保町1丁目1番地
☎03（3291）2295　FAX 03（3292）7687

印刷・製本　モリモト印刷株式会社

Printed in JAPAN
ISBN978-4-86367-485-1